what's in my iPad

with 굿노트

그해 **황민정** 지음

왓츠 인 마이 아이패드

유튜브 그해처럼 아이패드 200% 활용할 수 있다면

Booksgo

변화의 시작에는 아이패드가 있었다

아이패드 굿노트 전문가. 많은 분들이 종종 저에게 붙여주는 수식입니다. 이런 이야기를 들으면 감사한 마음 한편 쑥스럽기도 합니다. 사실 저는 전문가라고 생각하지 않습니다. 다만 보통의 사람보다 아이패드와 굿노트에 대해 조금 더 알고 스스로가 원하는 방식으로 활용할 수 있을 뿐입니다.

첫 책을 집필하며 그동안의 시간을 돌이켜 보니, 인생이 크게 변화하기 시작할 즈음부터 제 곁에는 늘 아이패드가 있었습니다. 아이패드를 처음 구매했을 때만 해도 저는 평범한 대학생에 불과했지만, 아이패드를 구매하고 3년이 지난 지금은 상황이 많이 달라졌습니다.

아이패드를 사용하면서 터득하게 된 정보들을 유튜브에 올리면서 어느새 제 채널을 구독해주시는 분들이 8만 명으로 늘어났고, 디지털 파일 속지도 판매하게 되었으며, 이렇게 책도 쓰게 되었습니다. 이 모든 것을 가능하게 만들어 준 것은 순전히 '아이패드'였습니다.

저는 대단한 사람도 특별한 사람도 아닙니다. 다만 아이패드를 제 생활에 도움이 되는 방식으로 사용했고 많은 사람들이 볼 수 있는 공간에 그 방법을 공유했을 뿐입니다. 하지만 이것으로 인해 제 인생이 변화하기 시작했습니다. 유튜버, 블로거, 디지털 속지 디자이너, 작가 등 다양한 직업을 가진 N잡러라는 큰 변화를 경험하고 있습니다.

이 책은 아이패드에 관한 모든 것을 담고 있지는 않습니다. 아이패드는 사용 목적에 따라 활용 방법이 무궁무진합니다. 그래서 아이패드의 전반적인 사용법을 다루는 것이 아닌 내가 필요할 때 내가 원하는 방식대로 아이패드를 사용할 수 있는 방법을 담아내고자 하였습니다.

이 책은 아이패드와 굿노트를 사용할 때 알아두면 좋은 꼭 필요한 내용을 담았습니다. 아이패드 필수 필기 앱으로 언급되는 굿노트 활용법과 아이패드 기본 앱인 키노트, 페이지, 넘버스 등도 함께 다루며, 아이패드로 생산성을 높이는 다양한 활용을 담고자 하였습니다. 아이패드로 무엇을 어디서부터 어떻게 사용하면 좋을지 모르는 분들에게 좋은 가이드가 되길 바랍니다.

아이패드를 알아가고 배우는 여정에 저와 함께 해주셔서 감사합니다. 앞으로 아이패드의 다양한 기능을 여러분만의 방식으로 멋지고 창의적으로 사용할 수 있게 되길 진심으로 바랍니다. 여러분 인생의 변화에 아이패드와 이 책이 있다면 더할 나위 없이 기쁠 것 같습니다.

유튜버 **그해**

content

PART 02

굿노트로 시작하는 비주얼 씽킹

content

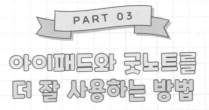

아이패드와 굿노트를
더 잘 사용하는 방법

PART 04

아이패드 활용 업
굿노트와 다른 앱의 활용

iPadOS 15 업데이트와 아이패드

애플 기기에 대한 iOS 15 업데이트가 진행되었습니다. 아이패드도 업데이트가 되었는데요. 이전 버전과 비교하여 달라진 점에 대해 알아보겠습니다.

멀티태스킹

• 멀티태스킹 메뉴

iPadOS 15 업데이트 이후 아이패드의 멀티태스킹이 사용면, 기능면에서 더욱 강력해졌습니다. 앱 중앙 상단의 […]를 터치하면 열리는 멀티태스킹 메뉴를 통해 전체 화면, 스플릿 뷰, 슬라이드 오버 등을 간편 조작할 수 있게 되었습니다. 원하는 멀티태스킹 레이아웃(슬라이드 오버 및 스플릿 뷰 등)을 선택하면 즉시 홈 화면이 나타납니다. 전체 홈 화면 페이지 및 앱 보관함에서 함께 볼 다른 앱들을 선택할 수 있습니다.

• 중앙 윈도우 열기

이메일, 메모 또는 메시지를 길게 눌러 [새로운 윈도우에서 열기]를 터치하면, 선택한 해당 콘텐츠의 창을 화면 중앙에 띄울 수 있습니다. 작업 중인 화면을 벗어나지 않고도 새로운 콘텐츠를 빠르게 훑어볼 수 있습니다. 중앙 윈도우의 멀티태스킹 메뉴를 아래로 스와이프 해 [앱 선반]에 보관하거나 멀티태스킹 메뉴에서 슬라이드 오버, 스플릿 뷰로 전환할 수 있습니다.

• 앱 선반

새로운 기능인 [앱 선반]에서 앱의 열린 창을 모두 빠르게 확인할 수 있습니다. 앱 선반은 앱을 열면 화면 하단에 나타났다가 앱을 사용하기 시작하면 사라집니다. 새로운 앱 선반을 활용하면 하나의 앱에서 열린 여러 개의 창들을 모두 확인할 수 있고, 이 창에서 저 창으로 빠르게 전환도 가능합니다. 선반에서 바로 여러 개의 창을 추가하거나 위로 스와이프 하여 닫을 수도 있습니다.

• **향상된 앱 전환기**

업데이트된 [앱 전환기]에서는 슬라이드 오버로 열린 앱들도 볼 수 있습니다. 또한 한 화면 위에 여러 개의 스플릿 뷰 공간을 만들 수 있습니다. 하나의 앱을 다른 앱 위로 드래그하기만 하면 스플릿 뷰가 생성됩니다.

위젯 및 앱 보관함

• 홈 화면 위젯 및 페이지 정리

이제 아이패드에서 앱들 사이에 위젯을 배치할 수 있습니다. 나의 찾기, 연락처, Game Center, App Store, Mail 위젯이 새롭게 추가되었고, 전보다 큰 사이즈의 위젯으로 옵션을 선택할 수 있습니다. 사용하지 않는 페이지들을 숨겨 홈 화면을 깔끔하게 정리할 수도 있습니다.

• 앱 보관함

아이폰에서 있던 [앱 보관함]이 아이패드에도 생겼습니다. 앱 보관함은 아이패드에 설치된 모든 앱들을 생산성, 게임, 제안 등 지능적으로 카테고리 별로 분리해 자동으로 정리해줍니다. 어떤 작업을 하고 있든지 앱들을 보다 빠르게 열어볼 수 있도록 앱 보관함이 독에 표시됩니다.

빠른 메모

• 빠른 메모 열기

모든 앱이나 웹 사이트 사용 중에 메모를 작성할 수 있습니다. 심지어 스플릿 뷰 사용 중에도 빠른 메모를 열 수 있습니다. 키보드 단축키(지구본+Q)를 사용해 빠른 메모를 열 수도 있고, 손가락이나 애플 펜슬을 사용해 화면의 오른쪽 하단 가장자리에서 위로 스와이프 하는 동작으로 빠른 메모를 시작할 수 있습니다. 빠른 메모의 크기 및 위치를 조절할 수 있고, 아예 한쪽에 숨겨놓았다가 다시 빠르게 불러와 정보를 추가할 수 있습니다.

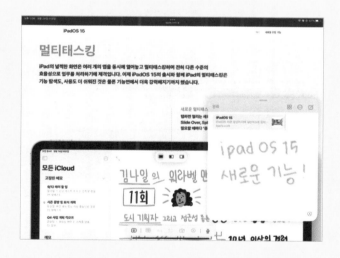

• 맥락에 맞게 뜨는 썸네일

사파리에서 하이라이트 해 놓은 텍스트나 앱 상의 링크를 빠른 메모에 담아놓은 경우(텍스트 블록 후 빠른 메모에 추가) 해당 웹사이트에 다시 접속했을 때, 전에 작성해 놓은 퀵 메모가 오른쪽 아래에 썸네일 형태로 뜹니다. 썸네일을 터치하면 전에 읽던 부분으로 바로 이동합니다.

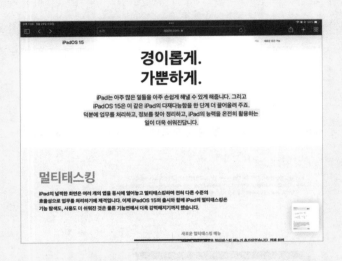

페이스 타임

• SharePlay 함께 보기

페이스타임 영상 통화를 하면서 동시에 상대와 함께 TV 프로그램이나 영화를 시청하고, 음악을 감상하고, 화면을 공유할 수 있습니다.

• 웹으로 페이스타임 참여

웹 링크를 공유해 친구나 가족을 페이스타임 통화에 초대할 수 있습니다. 애플 기기를 사용하지 않는 친구도 페이스타임 통화에 초대할 수 있습니다. 별도의 로그인 없이 사용 중인 브라우저에서 바로 페이스타임 통화에 참여할 수 있습니다.

집중 모드

[집중 모드]로 아이패드를 상황에 맞춤 설정할 수 있습니다. 제시된 집중 모드 중 원하는 옵션을 골라 사용하거나, 자신만의 집중 모드를 추가로 만들 수도 있습니다. 한 기기에서 집중 모드를 사용하면 다른 기기에도 해당 집중 모드가 자동으로 적용됩니다.

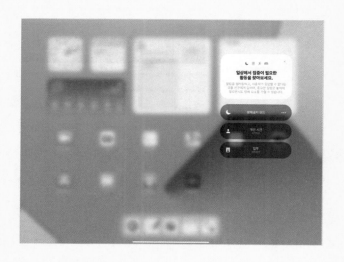

업그레이드된 사파리

• 탭 그룹

열려 있는 여러 사파리 탭을 [탭 그룹]으로 지정하여 원하는 웹 페이지만 손쉽게 볼 수 있습니다. 자신에게 가장 편한 방식으로 탭을 저장하고 정리할 수 있고, 탭 전환도 쉽게 할 수 있습니다. 탭 그룹은 가지고 있는 모든 기기에서 동기화되기 때문에 어느 기기에서든 미리 정리해놓은 탭을 열 수 있습니다. 사이드바 및 드롭다운 메뉴에서 탭 그룹을 전환할 수 있습니다.

• 맞춤 설정 가능한 시작 페이지

시작 페이지를 편의에 따라 맞춤 설정할 수 있습니다. 배경 이미지를 설정하고, 개인 정보 보호 리포트, Siri 제안, 나와 공유된 항목 등 새

롭게 표시할 섹션들을 선택할 수도 있습니다. 맞춤 설정한 시작 페이지
는 가지고 있는 모든 기기에 동기화되기 때문에 어느 기기에서나 동일
한 사파리 환경을 경험할 수 있습니다.

• **iPadOS에서의 웹 확장 프로그램**

사파리 확장 프로그램을 아이패드에도 설치할 수 있습니다. 확장
프로그램은 앱스토어에서 'safari extension'을 검색하면 찾을 수 있습
니다.

라이브 텍스트

• 사진 속 라이브 텍스트

모든 사진 속 텍스트를 선택해서 복사하고, 붙여넣고, 검색할 수 있습니다. 라이브 텍스트(Live text)는 사진, 스크린샷, 훑어보기 및 사파리에서 지원됩니다. 사진 속 표시된 텍스트의 종류에 따라 전화를 걸 수도 있고, 이메일을 보낼 수도 있고, 길 안내를 받을 수도 있습니다. 라이브 텍스트 활성화를 위해 [설정] 앱 - [일반] - [언어 및 지역] - [라이브 텍스트]를 활성화 합니다.

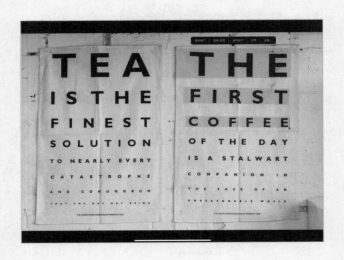

• 라이브 텍스트 번역

번역 앱을 아이패드에서도 사용할 수 있게 되었습니다. 사진 속 텍스트를 선택해 번역하는 건 물론 애플 펜슬로 쓴 손글씨 텍스트까지 선택해 번역할 수 있습니다. 또한 스크린샷, PDF, 메시지나 기타 앱에

있는 텍스트를 번역할 수 있습니다. (영어, 중국어, 프랑스어, 이탈리아어, 독일어, 포르투갈어, 스페인어 7가지 언어만 지원됩니다.)

유니버설 컨트롤

· **맥과 아이패드를 넘나들며 자유롭게 키보드, 마우스, 트랙패드 사용**

한 쌍의 키보드와 마우스로 맥과 아이패드에 동시에 연결해 두 기기 사이를 매끄럽게 넘나들 수 있습니다. 유니버설 컨트롤(Universal Control) 기능은 별도의 설정 없이 작동합니다. 맥에서 마우스를 움직여 아이패드로 이동할 수 있고, 기기를 넘나들며 콘텐츠를 드래그 앤 드롭할 수 있습니다.

* 올 하반기부터 사용이 가능할 예정

PART 01

삶의 변화

아이패드로
할 수 있는 일

나를 위해 선택한 아이패드

노트북이 아닌 아이패드를 구매한 이유

아이패드를 구매하기 전에, 맥북과 아이패드 중 어떤 것이 좋을지 많이 고민했어요. 아이패드는 다이어리 꾸미기와 필기 용도로, 노트북은 블로그 포스팅과 다이어리 만드는 용도로 사용하고 싶어서 둘 다 필요했죠. 하지만 노트북과 아이패드를 함께 구매하기엔 예산이 한정되어 있어서 둘 중 하나만 선택해야 했고, 고민 끝에 아이패드를 선택했습니다.

아이패드를 선택한 이유는 펜슬 때문이었습니다. 게다가 키보드를 추가로 구매하면 아이패드를 노트북 대용으로도 충분히 사용할 수 있어서 1석 2조라 생각했어요.

아이패드는 종류도 다양하고 사이즈, 스펙, 색상 등 여러 가지 옵션에 따라 가격이 천차만별로 달라지기도 해요. 그래서 어디서부터 어떻게 선택할지 고민이 많아지죠.

100% 만족스러운 구매를 위해서는 어떤 아이패드를 선택해야 할까요? 대학생에게 좋은 아이패드와 직장인에게 좋은 아이패드, 집이나 독서실에서 공부하는 공시생에게 좋은 아이패드는 다를 거예요.

대학생이었던 저는 노트북 대용으로 휴대성과 다양한 활용을 위해 '아이패드 프로 12.9인치 2세대 / 스페이스 그레이 / 256GB / 와이파이' 모델을 선택했습니다.

12.9형 iPad Pro(5세대) 11형 iPad Pro(3세대) iPad Air(4세대)

iPad(8세대) iPad mini(5세대)

• 선택사항 ① 화면 크기

아이패드를 선택하기 전에 아이패드에 관한 여러 가지 정보들을 찾아보다가, 스플릿 뷰(화면 분할)라고 불리는 기능이 있다는 것을 알게 되었어요. 매장에 가서 직접 비교를 해야겠다는 생각이 들어 스플릿 뷰와 이것저것 테스트를 해보았는데, 화면 분할로 사용할 때는 디스플레이가 작은 모델들은 확실히 활용 공간이 부족했어요.

휴대성과 사용 편리함 사이에서 고민을 하다가 아이패드 중 제일 큰 디스플레이인 12.9인치를 선택했어요. 확실히 화면이 넓으니까 필기 할 때나 드로잉 할 때, 영상 시청할 때 사용이 편리했어요. 그러나 화면이 클수록 사용하기는 좋지만, 그만큼 무거워진다는 단점이 있어요. 아이패드 자체만 보았을 때는 그렇게 무거운 편은 아니지만, 액세서리를 함께 사용하는 경우가 많기 때문에 들고 다니기가 부담스럽기도 합니다.

아이패드 프로 모델만 12.9인치가 있는데, 다른 모델에 비해 금액적으로도 부담이 되기도 합니다. 화면 크기에 따라서 각각의 장단점이 있기 때문에 자신의 상황을 고려해서 선택하는 것이 좋습니다.

> · **아이패드 프로 5세대**　12.9인치
> · **아이패드 프로 3세대**　11인치
> · **아이패드 에어 4세대**　10.9인치
> · **아이패드 8세대**　10.2인치
> · **아이패드 미니 5세대**　7.9인치

- **선택사항 ② 색상**

　색상 선택은 정말 취향 차이죠. 아이패드 프로를 사기로 마음을 굳혔는데, 색상 선택권은 실버와 스페이스 그레이 딱 두 가지였어요. 매장에 가서 색상을 직접 비교해보고 최종적으로 스페이스 그레이 색상을 선택했어요. 컬러가 묵직하고 고급스러워 몇 년간 사용해도 질리는 느낌이 들지 않아 선택했답니다.

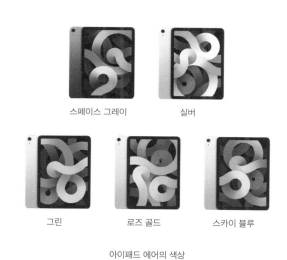

스페이스 그레이　　실버

그린　　로즈 골드　　스카이 블루

아이패드 에어의 색상

　요즘에는 아이패드 에어 등 다양한 모델이 출시되면서 컬러 선택 폭이 훨씬 넓어졌어요. 최근 출시된 아이패드 에어(2020년 출시 모델)의 경우에는 스페이스 그레이, 실버, 그린, 로즈 골즈, 스카이 블루의 5가지 색상을 선택할 수 있어요.

　케이스를 씌우면 아이패드 고유의 색상이 의미가 없을 수도 있지만,

처음 살 때는 정말 신중하게 고민하는 것 중 하나인 것 같아요. 화면으로 볼 때와 매장에서 직접 볼 때 색상이 다르기 때문에 꼭 실물을 확인하세요.

• 선택사항 ③ 저장 용량

저장 용량도 중요한 선택사항 중 하나예요. 저장 용량이 클수록 다양한 디지털 콘텐츠를 많이 저장할 수 있지만, 그만큼 가격 부담이 커집니다. 또한 아이패드의 종류에 따라 저장 용량 선택폭도 달라지는데, 예를 들어 아이패드 에어(4세대)나 미니(5세대) 같은 경우는 선택 가능한 저장 용량으로 64GB와 256GB 두 가지만 있습니다.

	32GB	64GB	128GB	256GB	512GB	1TB
아이패드 프로 5세대			○	○	○	○
아이패드 에어 4세대		○		○		
아이패드 8세대	○		○			
아이패드 미니 5세대		○		○		

저는 아이패드로 영상편집을 시작하려고 했기 때문에 충분한 저장 용량이 필요해서 256GB의 저장 용량을 선택했어요. 하지만 필기 용도로만 아이패드를 사용한다면 64GB도 충분하다고 생각돼요.

저 역시 아이패드를 사용한지 3년이 되었지만, 굿노트에 쌓인 문서는 10GB 정도밖에 되지 않습니다.

저장 용량을 선택할 때 특히 고려해야 할 사항이 있는데, 64GB 저장 용량의 아이패드를 구매했다고 해서 64GB를 온전하게 사용할 수 있는 것은 아닙니다. 아이패드 운영체제 소프트웨어와 기본 설치 앱 용량(표준 구성)이 대략 10~13GB의 공간을 차지한다는 점을 꼭 생각해야 합니다. 또한 시간이 지나면서 아이패드에 저장해두는 앱, 사진이나 문서 등 콘텐츠가 늘어나는 점도 고려하는 것이 좋습니다.

• 선택사항 ④ 와이파이 vs 와이파이 + 셀룰러

와이파이 모델과 와이파이 + 셀룰러 모델의 차이점을 알고 있나요? 와이파이 모델은 집에 설치된 와이파이나 공공 와이파이, 핫스팟에 연결해서 사용이 가능하고, 와이파이 + 셀룰러 모델은 와이파이가 잡히지 않는 경우에도 데이터 네트워크에 연결해서 사용할 수 있어요. 즉 와이파이 모델은 와이파이나 핫스팟 연결을 통해서만 사용이 가능하지만, 셀룰러가 있는 모델은 전용 유심 칩을 장착하여 전화처럼 모바일

데이터를 사용할 수 있어요.

저는 와이파이 모델을 선택했는데, 우리나라는 대부분의 카페와 음식점, 대중교통에 와이파이가 아주 잘 되어 있어서 사용이 편리하기 때문입니다. 두 모델은 서로 장단점과 가격 차이가 있기 때문에 사용 목적과 환경에 따라 선택하기를 추천합니다.

• 선택사항 ⑤ 각인

아이패드를 구매할 때 아이패드 뒷면에 각인을 신청할 수 있어요. 각인은 두 줄까지 가능합니다. 각인을 새기는 순간 세상에서 유일한 나만의 아이패드가 되는 것이라서 아이패드 만족도를 더 높일 수 있어요.

미니멀 아이패드와 액세서리

미니멀하게 아이패드를 들고 다니는 방법

아이패드를 들고 외출할 일이 있을 때를 대비하여 최대한 간편하게 다니고 싶어서 꼭 필요한 것만 사용합니다. 주로 매직 키보드와 아이패드, 애플 펜슬을 아이패드 파우치에 넣고 다녀요.

매직 키보드보다 가격이 비교적 저렴한 블루투스 키보드를 따로 사지 않는 이유는 가방의 부피를 많이 차지하고, 아이패드와 별개로 충전이 필요하기 때문입니다. 매직 키보드는 자석식으로 아이패드에 부착

되어 별도의 페어링(블루투스 기기를 서로 연결하여 동작할 수 있도록 해주는 과정)이 없어도 바로 사용이 가능하고, 따로 충전이 필요 없습니다. 또한 매직 키보드를 장착하면 자연스럽게 아이패드의 앞면과 뒷면을 보호해주기 때문에 별도로 아이패드 케이스가 필요하지 않습니다.

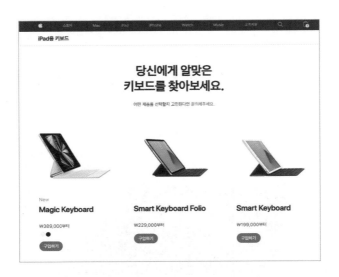

다만 스마트 키보드나 매직 키보드는 아이패드 프로와 아이패드 에어에서만 사용이 가능하기 때문에 아이패드 미니 등의 모델에서는 사용이 불가능해요. 매직 키보드를 지원하는 모델이 정해져 있다는 점이 아쉽긴 합니다.

매직 키보드와 스마트 키보드를 모두 사용해본 경험으로 매직 키보드의 트랙패드가 필요하지 않다면 금액이 더 저렴한 스마트 키보드만으로도 충분하다고 생각합니다. 다만 스마트 키보드는 옆면에 부착하는 형식이어서 아이패드 뒷면을 보호하기 위해서는 별도로 뒷면 케이스가 필요합니다. 뒷면까지 모두 커버되는 키보드를 구매하고 싶다면 스마트 키보드 폴리오를 추천합니다.

• 필름

화면 보호 필름은 선택사항이지만, 아이패드로 필기나 스케치를 한다면 필수라고 할 수 있어요. 아무것도 부착하지 않은 화면에 펜슬로 무언가를 적으면 쉽게 미끄러져 종이와는 다른 필기감에 만족감이 떨어집니다. 또한 필름을 부착할 경우 필기감 향상 외에도 화면에 지문이 묻어 더러워지는 것을 방지할 수 있어요. 아이패드 자체의 필기감이 부족하기 때문에 이를 보완한 다양한 아이패드 화면 보호 필름이 판매되고 있어요.

• 펜촉 보호캡

사용자에 따라서 종이질감 필름을 부착한 것만으로도 필기감이 향상되었다고 만족하기도 하지만, 기대한 것만큼 드라마틱한 변화가 없어서 실망하기도 합니다. 후자의 경우라면 펜촉 보호캡을 끼워 필기감을 보완하는 방법도 있어요.

애플 펜슬 펜촉 보호캡을 검색해보면 여러 제조사에서 제작한 다양한 펜촉 보호캡이 나와요. 케미꽂이나 마스킹 테이프를 애플 펜슬 보호캡으로 사용할 수도 있어요. 애플 펜슬 펜촉 커버는 꼭 필기감 때문에 사용하는 것만은 아니에요. 애플 펜슬을 사용할 때 발생하는 소음과 펜슬 팁의 마모를 줄이기 위해서 펜촉 보호캡을 사용하기도 합니다. 애플 펜슬 팁은 소모품이어서 언젠가는 닳게 되어 있는데, 교체 주기를 늦추기 위해 펜촉 커버를 사용하는 사람이 많습니다.

필기 덕후라면 종이질감 필름

종이질감 필름의 거친 질감 때문에 펜슬의 팁이 더 빨리 닳을 수 있어요. 영상 시청을 하는 경우에는 화면의 밝기와 해상도가 약간 감소하기도 합니다. 그러나 사각거리는 소리와 필기감을 놓칠 수 없는 필기 덕후라면 종이질감 필름을 추천합니다. 저도 아이패드로 영상 시청보다는 필기를 더 많이 하기 때문에 종이질감 필름을 사용하고 있어요. 참고로 저는 엘레컴 종이질감 필름을 사용하고 있습니다.

장점

종이질감 필름을 아이패드 표면에 부착하면 사각사각 거리는 필기감을 느낄 수 있어요. 종이질감 필름의 약간 거친 질감 덕분에 애플 펜슬로 쓰면 마치 종이에 쓰는 것처럼 느껴져요. 굿노트 또는 프로크리에이트 같은 앱에서 애플 펜슬로 필기하거나 스케치할 때 글자의 삐침 현상이 나타나는데, 종이질감 필름을 사용하면 미끄러짐이 줄어 이를 보완할 수 있어요.

단점

종이질감 필름은 거친 질감 때문에 화면의 해상도와 밝기가 약간 감소해요. 또한 애플 펜슬의 펜촉이 더 빨리 마모될 가능성이 있어요.

아이패드로
할 수 있는 일

아이패드에 다운로드 받을 수 있는 앱은 수천 가지가 있어요. 다이어리 작성부터 영화 스트리밍까지 아이패드로 할 수 있는 것은 끝이 없어요. 어떤 사람은 아이패드로 코딩 작업이나 작곡도 하더라고요. 어떻게 사용하느냐에 따라 그 활용은 무궁무진한 것 같아요.

첫 번째, 다이어리 작성하기

종이 다이어리를 작성할 때도 직접 다이어리를 만들어 사용할 정도로 다이어리로 계획을 세우고 일상을 기록하는 일에 관심이 많아요. 다이어리를 직접 제작해서 사용하긴 했지만, 다이어리가 새로 필요할 때마다 인쇄를 해야 한다는 점이 번거롭게 느껴졌어요. 게다가 한 달 치 다이어리를 인쇄하기 위해서 시중에 판매되는 좋은 다이어리보다 더 비싼 금액을 지불해야 했죠. 불편함을 느끼던 중에 디지털 다이어리를 발견했고, 내가 제작한 속지를 바로 사용할 수 있다는 점에 큰 매력을 느꼈어요.

직접 속지를 만들어 다이어리를 작성할 수 있어 다양한 양식의 다이어리를 시도했어요. 지금까지 아이패드로 불렛저널, 6공 다이어리, 한 달 다이어리, 1년 다이어리 등을 작성해서 사용했습니다.

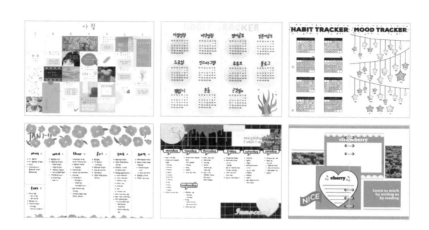

다이어리 꾸미기를 할 때는 웹 사이트에서 이미지를 다운로드 받아 사용하기도 하고, 프로크리에이트와 같은 드로잉 앱으로 직접 그림을 그려서 스티커 등으로 사용하기도 해요. 또는 아이패드의 기본 앱인 키노트에서 도형과 텍스트를 조합해서 메모지 등을 제작하기도 합니다.

종이 다이어리를 사용할 때는 스티커 하나를 붙일 때도 신중하게 사용했었는데, 아이패드로 다이어리를 작성하면 모든 것을 쉽게 수정할 수 있기 때문에 다양한 방법으로 과감한 시도를 해볼 수 있어서 좋습니다.

친구와 함께 해외여행을 간 적이 있는데 굿노트로 셀프 가이드북을 제작했어요. 친구에게 여행 가이드북을 굿노트 문서로 공유하고 여행지에서 친구와 저녁마다 맥주 한 잔을 마시며 아이패드로 지출 내역을 정리하고 일기를 기록했었죠. 최근에는 굿노트 5의 공동 작업 기능으로 친구와 여행 가이드북을 더 편리하게 제작할 수 있습니다.

예전에 여행을 갈 때 셀프 가이드북을 파워포인트로 제작했던 적이 있는데, 자료 수집부터 디자인까지 보름 이상 시간이 소요되더라고요. 다시는 못 하겠다 싶었는데, 아이패드로 웹 사이트에서 지도나 여행지 이미지 등을 쉽게 가져올 수 있어서 단 몇 시간 만에 제작할 수 있었어요.

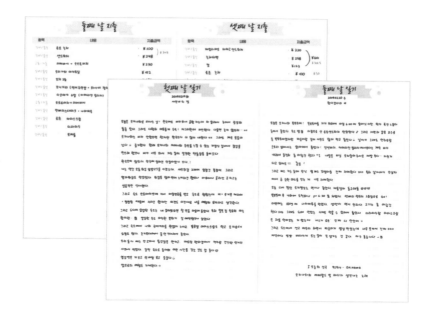

 여행 가이드북을 펼쳐 보기만 해도 그 여행지에 대한 기억이 새록새록 납니다. 출발 전 체크리스트, 여행지의 쇼핑 리스트, 가고 싶은 여행지, 지출 내역, 일기 등을 다양하게 작성할 수 있어요. 여행한 곳의 기록을 남긴다는 것은 그 여행지를 더 멋지게 기억할 수 있는 방법인 것 같아요. 여러분도 기회가 된다면 자신만의 아이패드로 셀프 여행 가이드북을 만들어 보길 바랍니다.

아이패드의 기본 앱인 키노트를 사용해서 노트 필기나 다이어리 꾸미기에 필요한 메모지를 간단하게 만들 수 있어요.

키노트를 처음 들어 보는 사람이 많은데, 파워포인트와 비슷하다고 생각하면 됩니다. 파워포인트처럼 프레젠테이션을 제작할 수 있으며, 파워포인트의 사용 방법을 알고 있다면 어렵지 않게 사용할 수 있습니다.

키노트에서는 기본적으로 도형이나 표, 이미지, 텍스트 등을 추가할 수 있고 스타일을 편집할 수 있어요. 이 기능들을 창의적으로 활용하면 간단하게 멋진 메모지나 스티커를 만들 수 있어요. 다음의 이미지들은 제가 키노트로 제작한 스티커들이에요. 키노트로 만든 스티커들은 제 블로그에서 무료로 공유하고 있어요.

그해 블로그에서
스티커 보기

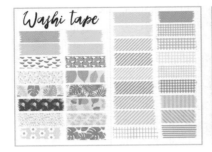
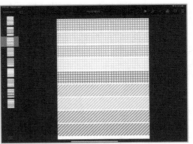

네 번째, 공부하기

중학교나 고등학교에서는 수업시간에 기기 사용이 불가할 수도 있기 때문에 아이패드 사용이 어려울 수 있어요. 하지만 비교적 자유로운 대학교에서는 노트 대신 아이패드로 필기할 수 있습니다. 그뿐만 아니라 요즘처럼 비대면의 온라인 수업을 진행할 때 유용합니다.

교수님께서 공유해주신 유인물과 강의 슬라이드는 대부분 PDF나 PPT 파일로 제공되어서 필기 앱에서 쉽게 사용할 수 있어요. 아이패드와 애플 펜슬만 있으면 강의 노트를 보면서 동시에 필기할 수 있어요. 아이패드로 공부하면 무거운 노트나 교재를 들고 다니지 않아도 되고,

잘못 메모한 부분은 쉽게 수정할 수 있다는 점이 좋아요. 또한 페이지를 추가가 쉬워서 노트 페이지가 부족할 일이 없다는 점과 필기한 노트에서 원하는 정보를 검색해서 찾을 수 있다는 점도 매우 유용해요.

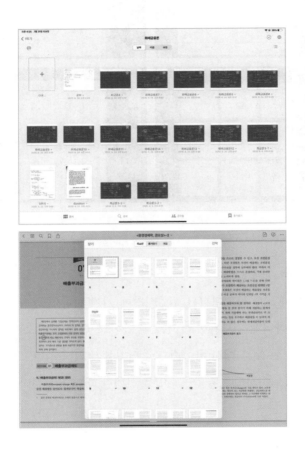

외국어 공부를 할 때도 아이패드를 이용하면 인터넷에서 발견한 자료로 바로 공부할 수 있어서 편리해요. 외국어 공부를 하기 위해 따로 교재를 구매하지 않아도 인터넷 자료나 뉴스 기사를 스크랩해서 굿노트로 가져와 공부할 수 있어요.

저는 흥미로운 뉴스 기사를 스크랩해서 일본어 공부를 하고 있어요. 아이패드에서 뉴스를 스크랩해서 가져오는 방법은 생각보다 쉽고 간편합니다.

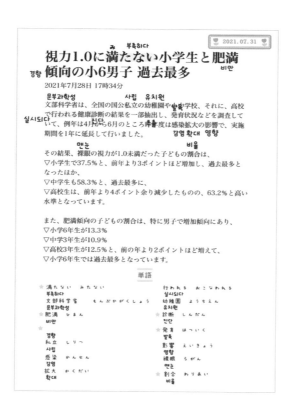

뉴스 기사를 스크랩해서 가져오면 글자를 텍스트로 인식하는데, 모르는 단어는 텍스트 블록을 지정하고 복사해서 일본어 사전의 검색창에서 검색할 수 있어요.

영어 공부를 할 때 넷플릭스 자막을 PDF로 만들어 주는 크롬 확장 프로그램인 Language Learning with Netflix를 사용해서 좋아하는 영화의 자막으로 영어 공부도 하고 있어요.

앱스토어에는 프로크리에이트(유료)나 메디방(무료), 어도비 스케치(무료) 등 멋진 드로잉 앱이 많이 있어요. 자신에게 맞는 앱을 선택해서 드로잉을 할 수 있어요.

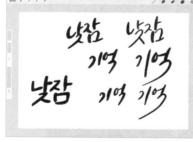

최근에는 아이패드로 그림을 그려 카카오톡 이모티콘을 만들거나 판매용 스티커 제작도 많이 하는 추세이고, 취미로 아이패드에서 그림을 그리거나 전문 디지털 드로잉 작가도 늘어나고 있어요. 저도 취미로 아이패드 드로잉 강의를 듣고 있는데, 그림 하나를 완성하면 뿌듯하기도 하고, 그림을 그리면 마음이 차분해져서 도움이 돼요. 드로잉 앱에서 캘리그라피 느낌이 나는 브러시를 사용하면 캘리그라피도 할 수 있어요.

저는 유튜브 '그해' 채널을 약 3년째 운영하고 있어요. 처음 유튜브 영상을 제작할 때 어떤 영상 편집 프로그램을 사용해야 할지 고민이 많았어요. 기왕이면 아이패드 하나로 모든 걸 해결하고 싶었기 때문에 루마퓨전(LumaFusion) 앱으로 영상 편집을 시작했어요. 루마퓨전 앱은 애플 펜슬을 사용할 수 있기 때문에 영상을 한 번도 다뤄본 적이 없는 저와 같은 초보자도 비교적 기능을 수월하게 익힐 수 있어요. 지금도 '그해' 채널에 업로드된 영상은 모두 루마퓨전 앱으로 편집하고 있어요.

일곱 번째, 전자책 읽기

아이패드를 이용하고 나서부터 전자책으로 읽는 것이 편해졌어요. 통계적으로 볼 때도 매년 전자책으로 책을 읽는 비중이 점점 더 늘고 있고, 저도 전자책으로 주로 읽고 있어요.

원래는 종이책으로 읽는 게 익숙하고 훨씬 편했지만 종이책에 직접 밑줄을 긋거나 메모를 해서 책을 더럽히는 걸 싫어했기 때문에 항상 종이책을 읽을 때 아쉬운 부분이 있었어요. 종이책을 읽을 때는 펜을 절대 가까이하지 않았는데, 전자책을 읽다보면 밑줄을 긋거나 메모를 마음대로 할 수 있으니까 저에게 잘 맞는 독서 패턴을 찾게 되었어요.

물론 처음에는 어색했지만 아이패드에서 가로 양면 보기로 전자책을 읽으니 종이책을 읽을 때와 배치가 비슷해서 금방 적응할 수 있었

어요. 종이책보다 전자책으로 읽는 비중을 늘려가면서 현재는 95% 이상 전자책으로 보고 있어요.

종이책을 읽을 때보다는 눈이 피로하다는 단점이 있지만, 개인적으로 저는 아이패드로 독서할 때의 장점이 더 크게 와 닿았어요. 적극적으로 메모하면서 읽다보니 자연스레 내용에 집중이 더 잘 되고, 기억에도 많이 남았어요. 무엇보다 하나의 아이패드로 여러 책을 가지고 다닐 수 있어서 굳이 무겁게 책을 들고 다니지 않더라도 아이패드만 있으면 언제 어디서든 책을 읽을 수 있어요.

여덟 번째, 독서 리스트와 독서 노트 작성하기

'나중에 읽어봐야지' 하고 생각했던 책들은 메모해두지 않으면 금방 잊어버리고 말아요. 읽고 싶은 책이 생길 때마다 독서 리스트에 기록해두면 책을 선택할 때 도움이 됩니다.

저는 '그해, 1년 다이어리'의 두근두근 리스트 페이지를 활용해 읽고 싶은 책 리스트를 정리해 두었어요. 도서 사이트에서 표지 이미지를 드래그 앤 드롭으로 가져오고, 칸에 맞게 이미지 크기를 조절했어요.

표지 이미지로 독서 리스트를 작성할 경우에는 이미지에서 책 제목, 저자, 출판사 등을 모두 확인할 수 있기 때문에 따로 적어둘 필요가 없어요. 그 아래는 텍스트로 도서 분야를 작성했어요. 도서 분야마다 색상을 다르게 지정해서 한눈에 보아도 구분이 쉽도록 해주었습니다.

독서를 완료하면 스티커를 사용해 완독 표시를 했고요. 저는 완독한 날짜는 따로 적어두진 않았는데 적어주는 것도 좋을 듯합니다. 독서를 하면서 좋은 문장이나 기억해두고 싶은 문장이 있다면, 독서 노트에 옮겨 적고 있어요. 이렇게 작성해두면 나중에 독서 노트만 훑어보아도 책 내용이 잘 기억나요.

아홉 번째, 영화나 TV 스트리밍

아이패드 자체의 해상도가 높고 품질 자체가 좋은 편이기 때문에 영상을 재생할 때 훌륭한 색감으로 감상할 수 있어요. 가끔씩 유튜브 영상의 댓글을 보면 아이패드를 '유튜브 머신', '넷플릭스 머신'으로 부르기도 하던데, 그만큼 아이패드가 영상을 보는 데 있어서 강점을 가지고 있다는 뜻입니다.

아이패드에는 화면 속 화면이라는 기능이 있는데, 이 기능을 사용하면 영화나 유튜브 영상을 스트리밍하면서 다이어리를 작성하는 등 멀티로 작업을 할 수도 있어요.

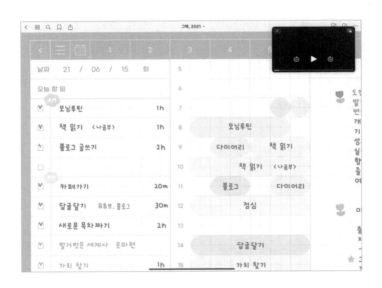

아이패드로 독서하는 이유

세상에는 두 종류의 독자가 있어요. 책을 깨끗하게 보는 사람과 밑줄을 치며 읽는 사람. 저는 후자입니다. 하지만 종이책을 볼 때는 밑줄도, 메모도 하지 않는 소극적인 독서를 했습니다. 책에 흔적을 남기며 지저분하게 읽는 것이 싫었기 때문이죠.

적극적으로 메모하면서 독서를 하고 싶은 마음은 있었지만 지저분하게 메모하는 것이 싫었기 때문에 행동으로 옮기지 못했던 것 같아요. 책을 읽다가 떠오른 생각이나 아이디어가 있더라도 바로 남겨놓지 않아서 금방 사라지기도 했어요. 하지만 아이패드로 독서를 시작한 뒤로 시원하게 줄을 긋고 책 여백에 메모도 남기게 되었어요.

제가 아이패드로 독서를 하는 이유는 크게 8가지가 있습니다. 저처럼 메모하면서 독서하고 싶지만 책이 지저분한 것이 싫어서 깨끗하게 읽어 왔더라도 상관없어요. 아이패드로 독서를 하면 아주 쉽고 깔끔하게 메모할 수 있으니까요. '아이패드로 이렇게도 독서할 수 있구나' 하는 것을 알아가는 것만으로도 뿌듯할 것 같아요.

• 이유 ① 망설임 없이 시원하게 형광펜을 그을 수 있다

아이패드로 독서를 하면 원하는 형광펜 색상과 크기를 선택해서 밑줄을 그을 수 있어요. 색상 팔레트에서 그때그때 필요한 색을 골라 바로 사용할 수 있죠. 여러 가지 형광펜을 들고 다닐 필요 없이 애플 펜슬 하나만 있으면 됩니다.

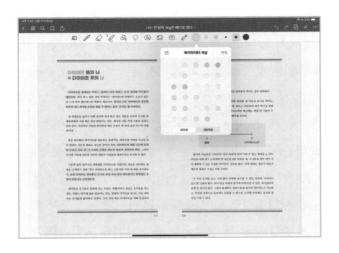

문장의 중요도에 따라 색상을 달리해서 밑줄을 치고 있어요. 책을 읽다가 좋은 문장이 있으면 노란색(색상코드 : #FBF595) 형광펜으로 밑줄을 그어요. 더 기억해두고 싶은 문장이 있으면 주황색(색상코드 : #FBDA8F) 형광펜으로 밑줄을 그어요. 혹시나 '줄을 너무 많이 그었나?' 싶을 때는 지우개를 사용해 바로 지웁니다. 아이패드로 독서를 시작한 뒤로 망설임 없이 밑줄을 그을 수 있어서 좋아요.

• 이유 ② 망설임 없이 메모할 수 있다

아이패드에서는 메모를 해도 언제든지 글자를 이동하고 수정할 수 있기 때문에, 일단 떠오른 생각을 망설임 없이 책 여백에 적을 수 있게 되었어요. 종이책을 읽을 때 큰맘 먹고 메모를 시도해본 적이 있는데, 글자를 쓰기 전에 어디에 쓰는 게 좋을지 몇 번씩 망설여지더라고요. 그러다보니 뭘 쓰려고 했는지 까먹기도 하고 책 진도가 나가지 않았어요.

그런데 아이패드는 언제든지 수정할 수 있으니까 일단 부담 없이 끼적이게 되었어요. 가끔씩 예쁘게 적기 귀찮은 날이 있는데, 그럴 때는 대충 휘날려 적고 나중에 시간이 여유로울 때 보기 좋게 다시 적기도 해요. 메모를 할 때 잘 쓰고 싶다는 생각이 있었는데, 수정이 가능한 덕분에 부담감을 내려놓으니까 더 적극적으로 메모할 수 있게 되었어요.

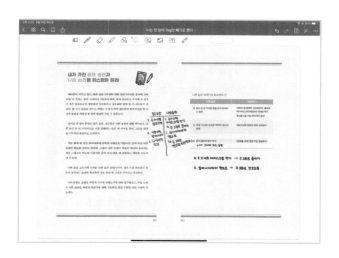

• 이유 ③ 깔끔하게 메모할 수 있다

책에 메모한 내용이 질문일 수도 있고, 아이디어일 수도 있고, 떠오른 생각일 수도 있죠. 각각의 내용들을 잘 구분해 놓으면, 나중에 다시 볼 때도 훨씬 편해요.

저는 작은 아이콘으로 메모한 내용을 구분해주고 있어요. 중요한 것에는 빨간 별 표시를, 아이디어에는 전구 표시를, 생각에는 새싹 표시를, 질문에는 물음표 표시를 요소 도구에 추가해놓고 필요할 때마다 사용하고 있습니다. 이렇게 책에 메모한 내용을 구분해두면 다시 한 번 훑어볼 때 좋습니다.

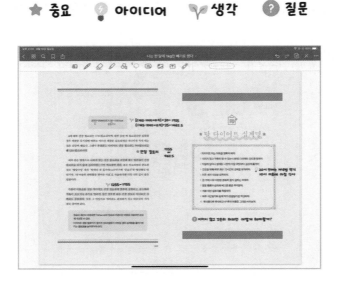

• 이유 ④ 독서 노트 작성이 쉽다

아이패드는 두 개의 화면을 동시에 볼 수 있어서 왼쪽 창에는 책을, 오른쪽 창에는 독서 노트를 띄워 책을 보면서 독서 노트를 동시에 작성할 수 있어요. 아이패드로 독서 노트를 작성하면 책에 나온 그림도 바로바로 노트에 붙여넣을 수 있습니다.

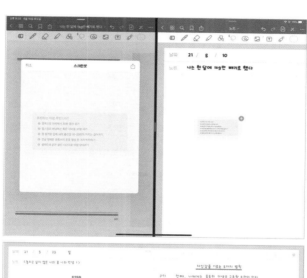

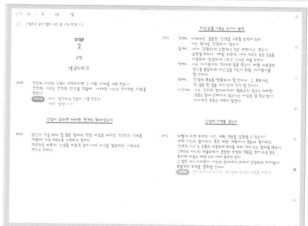

• 이유 ⑤ 독서량이 늘었다

책과 독서 노트를 각각 가지고 다니지 않아도 아이패드 하나만 있으면 언제든지 책을 읽고, 독서 노트까지 작성할 수 있습니다. 덕분에 밖에서도 책을 많이 읽을 수 있게 되었어요. 특히 해외에 있는 동안 읽고 싶은 책을 모두 가져가는 건 쉽지 않은데, 일본에서 1년간 워킹홀리데이를 하면서 아이패드로 책을 많이 읽었습니다.

• 이유 ⑥ 독서 리스트 업데이트

책을 읽다보면, 다른 책에서 인용한 문장이 나오는 경우를 종종 볼 수 있어요. 이때 인용한 문장이 좋아서 그 책을 읽어보고 싶을 때, 까먹지 않고 바로바로 독서 리스트에 추가해 둘 수 있습니다. 저는 다이어리에 독서 리스트를 적을 수 있도록 만들었어요. 다이어리를 항상 굿노트 탭에 띄워두고 읽고 싶은 책이 생길 때마다 다이어리의 독서 리스트에 바로 적어둡니다.

• 이유 ⑦ 편리한 페이지 이동과 분류

아이패드로 책을 읽을 때 책의 목차를 페이지 개요에 추가해두면, 다시 보고 싶은 부분이나 해당 페이지로 편리하게 이동할 수 있어요. 페이지 썸네일 아래 추가한 개요를 볼 수 있고, 개요 탭에서 개요를 추가한 페이지만 모아 볼 수도 있어요. 이동하고 싶은 목차를 클릭하면 바로 해당 페이지로 이동해요.

또한 종이책을 볼 때 중요 페이지에 플래그를 붙여두는 것처럼 아이패드에서도 중요 페이지를 따로 표시해둘 수 있어요. 즐겨찾기를 해두면 축소판에서 즐겨찾기 페이지만 볼 수도 있습니다. 페이지를 클릭하면 해당 페이지로 이동합니다.

• 이유 ⑧ 나만의 도서관이 만들어진다

아이패드로 책을 읽다보면 어느새 나만의 도서관이 만들어져요. 도서 사이트에서 표지 이미지를 드래그 앤 드롭으로 가져와서 만들 수도 있어요. 독서 목록을 훑어보면서 '아, 이런 책도 읽었지' 하고 기억을 떠올리거나 책을 읽으며 함께 적었던 생각과 아이디어를 언제든지 볼 수 있어요.

저는 이전에 읽었던 책을 다시 확인하지 않는 편이에요. 그러다 보니 예전에 무슨 책을 읽었는지 잊어버릴 때가 많았어요. 아이패드로 독서를 하면 읽었던 책들이 쌓이는 것이 눈으로 확인되니까 적어도 '한 달 전에 이 책을 읽었다'는 사실은 기억하게 되었어요.

아이패드가 처음이라면
꼭 알아둬야 할 기능

독 | 중요한 애플리케이션 넣기

아이패드에서 멀티태스킹을 하기 위해서 먼저 알아두어야 할 것은
독(Dock)이에요. 독을 사용하면 앱에서 앱으로 빠르게 전환할 수 있고
동시에 여러 개의 앱으로 작업하는 것을 편리하게 만들어 줍니다.

독은 홈 화면 하단에 위치하고, 앱 사용 중에 한 손가락으로 화면 하
단 가장자리를 살짝 쓸어 올리면(스와이프) 나타납니다. 독에는 일반적으
로 많이 사용하는 앱을 넣어둡니다. 화면 하단에서 스와이프를 하면 다

른 앱을 실행하는 중에도 독에 넣어둔 앱을 항상 볼 수 있어서 앱을 열고 닫는 속도가 빨라질 뿐만 아니라 스플릿 뷰로 앱을 열 때도 필수적이에요. 독의 왼쪽 영역에는 자주 사용하는 앱을 넣을 수 있고, 오른쪽 영역에서는 최근에 사용한 앱(아이패드, 아이폰, 맥에서 사용된 앱 포함)이 표시돼요.

• 독에 즐겨 찾는 앱 추가하기

독에 자주 사용하는 앱을 넣어두려면 홈 화면에서 앱을 길게 누른 다음 [홈 화면 편집]을 터치합니다. 앱이 흔들리기 시작하면 화면 하단의 독으로 바로 드래그하면 됩니다. 독에서 앱을 제거하려면 독의 왼쪽 영역에서 앱을 길게 터치한 다음 밖으로 드래그합니다.

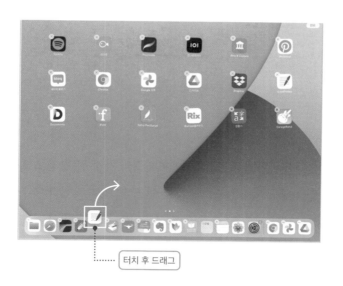

터치 후 드래그

• 최근 앱 보기 없애기

[설정] 앱 - [홈 화면 및 Dock]에서 [Dock에서 제안된 앱 및 최근 앱 보기]를 비활성화 하면, 최근 사용한 앱이 독에 나타나지 않아요. 독의 왼쪽 영역의 앱만 표시됩니다.

슬라이드 오버와 스플릿 뷰 | 더 나은 멀티태스킹을 위해

슬라이드 오버와 스플릿 뷰는 아이패드의 가장 큰 장점으로 독을 활용해서 슬라이드 오버(Slide Over)에서 여러 앱으로 작업하거나, 스플릿 뷰(Split View)로 두 개의 앱을 동시에 볼 수 있어요. 예를 들어 웹 서핑을 하거나 강의를 듣는 동안 문서를 열고 필기나 메모를 할 수 있어요. 또 굿노트 문서를 보면서 굿노트에서 필기를 하는 등 같은 앱에서 두 개의 창을 동시에 열 수도 있어요.

• 슬라이드 오버로 앱 열기

슬라이드 오버를 사용하여 앱을 현재 사용 중인 앱 앞으로 끌어와 작업할 수 있어요. 예를 들어 웹 서핑을 하면서 슬라이드 오버로 메시지를 열어 대화할 수 있어요.

현재 사용 중인 앱에서 화면 하단을 위로 쓸어 올려 독을 엽니다. 독에서 가져올 앱을 길게 누르고 현재 사용 중인 앱 앞으로 드래그하면 슬라이드 오버로 앱이 열립니다.

• 슬라이드로 앱 간 전환하기

아이패드에서는 열린 앱을 슬라이드 오버로 확인할 수 있어서 앱과 앱 사이를 쉽게 전환할 수 있어요. 슬라이드 오버 창 하단을 스와이프 하여 전환 가능한 앱이 나타나면, 앱을 터치하여 슬라이드 오버 창을 잠시 숨기거나 다시 나타나게 할 수 있어요. 화면 오른쪽 가장자리로 창의 상단을 드래그하면 창이 사라지고, 다시 화면 오른쪽 가장자리에서 왼쪽으로 스와이프 하면 화면에 나타나요.

• 스플릿 뷰로 동시에 두 개의 앱 열기

1 하나의 앱을 연 상태에서 독에서 앱을 길게 눌러 화면의 오른쪽이나
 왼쪽 가장자리로 드래그합니다.

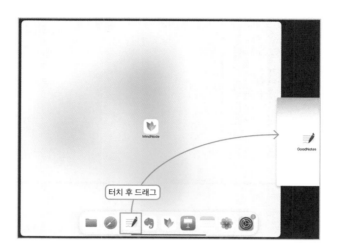

2 화면에서 손을 놓으면 앱이 나란히 실행되는 것을 볼 수 있어요.

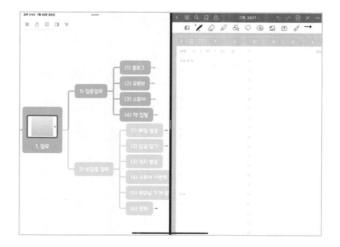

3 가운데 구분선을 드래그하여 두 창의 크기를 조정할 수 있어요.

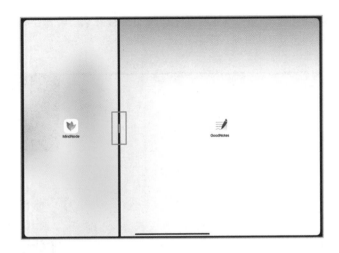

4 스플릿 뷰를 닫으려면 닫으려는 앱 위로 화면의 왼쪽 또는 오른쪽 끝
으로 앱 구분선을 드래그하면 돼요.

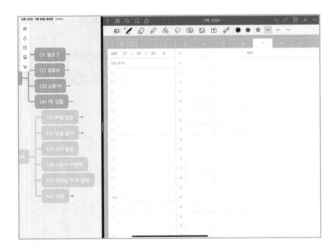

화면 속 화면 기능으로 웹 서핑, 소셜 미디어 등의 작업을 하면서 좋아하는 영화나 TV 프로그램을 시청할 수 있어요. 스플릿 뷰를 사용하여 영상을 보며 다른 작업을 수행할 수도 있지만, 화면 속 화면 기능을 사용하면 비디오 재생 창이 화면의 공간을 많이 차지하지 않아서 다른 작업을 하면서 동영상을 볼 때 효율적이에요.

화면 속 화면을 사용하려면, 넷플릭스와 같은 비디오 플레이어에서 [영상 전체 보기]를 하면 영상 왼쪽 위에 화살표가 있는 화면의 작은 아이콘이 나타납니다. 아이콘을 클릭하면 비디오 창이 축소되어 영상을 보면서 홈 화면을 보거나 다른 앱을 열 수 있어요. 축소된 비디오 창은 두 손가락으로 벌려주면 더 크게 확대됩니다.

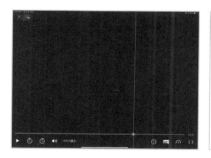

드래그 앤 드롭(Drag and Drop)을 사용해서 손가락으로 텍스트나 사진, 파일 등을 이동하고 앱에서 다른 앱으로 복사할 수 있어요. 예를 들어 사진 앱의 이미지를 메모 앱으로 드래그하거나, 사파리에서 검색한 이미지를 굿노트로 드래그할 수 있어요.

앱에서 다른 앱으로 항목을 복사하려면 스플릿 뷰 또는 슬라이드 오버로 두 개의 앱을 열고 복사한 항목이 들어 올려질 때까지 길게 터치하세요. 항목을 앱 내의 다른 위치로 드래그해서 [➕]이 나타나면 드롭합니다.

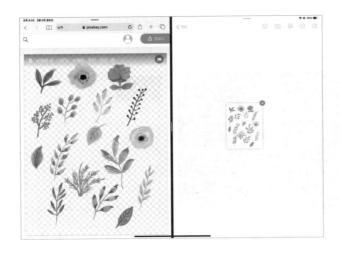

아이패드는 편리한 제스처를 사용하여 아이패드 활용을 극대화할 수 있습니다. 유용한 제스처를 잘 활용하면 작업의 생산성을 높일 수 있습니다.

• 홈으로 이동하기

앱 사용 중에 화면 하단 가장자리를 가볍게 쓸어 올리면 홈 화면으로 이동합니다. 화면에서 네 손가락을 오므려도 홈 화면으로 이동합니다.

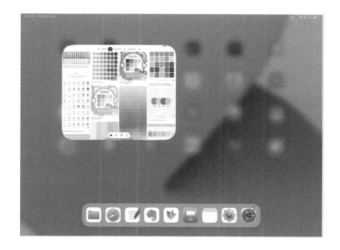

• 제어 센터 열기

오른쪽 상단 모서리를 아래로 쓸어 내리면 제어 센터를 열 수 있어요. 제어 센터를 통해 비행기 모드, 방해금지 모드, 손전등, 화면 밝기 조절, 음량 조절 등 제어기를 빠르게 사용할 수 있어요.

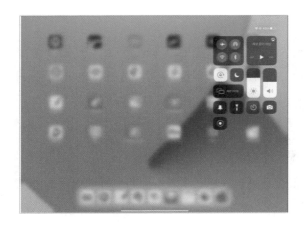

• 제어 센터 사용자 지정

iOS 11 이후 제어 센터를 사용자 지정으로 설정할 수 있어요. 자주 사용하는 기능을 추가해 놓으면 제어 센터를 통해 더 빠르게 접근할 수 있어요. 제어 센터를 사용자 지정하려면 [설정] 앱 - [제어 센터]를 눌러 추가하려는 제어 항목 왼쪽에 [●] 버튼을 누릅니다. 제어 센터에 포함된 항목을 없애고 싶다면 제어 항목 왼쪽의 [●] 버튼을 누릅니다.

• 앱 전환기 열기

앱 전환기를 열려면 화면 하단을 위로 쓸어 올리고 화면 중앙에서 손을 떼세요. 앱 전환기는 큰 미리보기 이미지로 최근 앱이 표시되어 쉽게 식별할 수 있어요. 여기에서 앱을 위쪽으로 스와이프 하면 앱을 닫을 수 있고, 앱을 터치하면 현재 열려 있는 앱에서 다른 앱으로 빠르게 전환할 수 있어요.

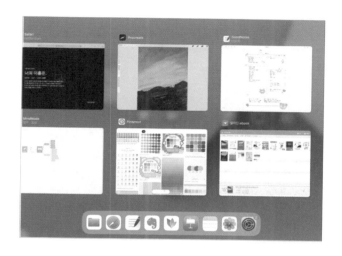

앞서 이야기했던 홈으로 이동하기와 화면 하단을 위로 쓸어 올리는 제스처가 비슷한데요. 다른 점은 홈으로 이동하기는 화면 하단을 위로 가볍게 쓸어 올리면 되지만, 앱 전환기를 열기 위해서는 화면 중앙까지 위로 쓸어 올려야 한다는 것이에요. 홈 버튼이 있는 아이패드의 경우에는 홈 버튼을 이중으로 터치해도 앱 전환기가 열립니다.

• 앱 전환하기

앱 전환하기 제스처를 사용하면 이전에 사용한 앱과 현재 사용하고 있는 앱 사이를 빠르게 전환할 수 있습니다. 앱 전환 제스처는 두 가지가 있는데, 화면 하단의 가장자리를 왼쪽 또는 오른쪽으로 쓸어 넘기거나 네 손가락이나 다섯 손가락을 사용하여 왼쪽이나 오른쪽으로 쓸어 넘기면 됩니다.

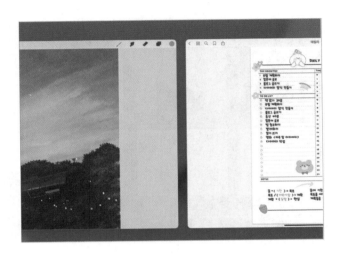

- **스크린샷 찍기**

아이패드에서 화면 스크린샷을 찍으려면 동시에 상단 버튼과 음량 높이기 버튼을 빠르게 누른 다음 손을 뗍니다. 홈 버튼이 있는 아이패드는 상단 버튼과 홈 버튼을 동시에 누른 다음 손을 뗍니다. 이때 왼쪽 하단에 스크린샷 축소판이 나타나는데, 여러 장을 스크린샷 하면 축소판에 이미지가 계속해서 쌓입니다.

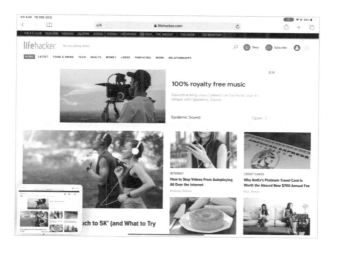

애플 펜슬로 스크린샷 찍기를 할 수도 있어요. 애플 펜슬로 왼쪽 하단 가장자리에서 중앙으로 끌어오면 스크린샷이 됩니다. 이때 스크린샷을 하면 바로 이미지를 편집할 수 있는 창이 떠서 필요한 부분만 이미지를 자르거나 이미지 위에 메모를 할 수 있어요.

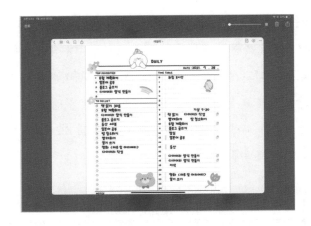

　　웹 사이트나 문서의 전체 페이지를 스크린샷 할 때 보이는 화면에서 스크린샷을 찍고 축소판 이미지를 선택하여 편집 화면에 들어갑니다. 그러면 위쪽에 화면, 전체 페이지를 선택할 수 있는 탭이 나타나는데 [전체 페이지]를 누릅니다. 전체 페이지로 스크린샷을 저장할 때에는 이미지가 아닌 PDF 파일로 파일 앱에 저장됩니다.

• 아이패드 종료하기

아이패드 상단 버튼과 음량 버튼(위나 아래 둘 중 하나)을 동시에 눌러 슬라이더가 나타나면 드래그하여 종료할 수 있어요. 홈 버튼이 있는 아이패드는 상단 버튼을 길게 누르면 종료 슬라이더가 나타납니다.

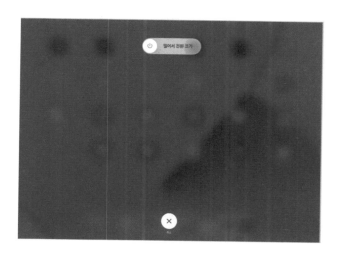

• 강제로 재시동하기

아이패드가 갑자기 먹통이 되어서 아무런 터치가 먹히지 않는다면 정말 당황스럽죠. 서비스센터를 방문하기 전에 먼저 아이패드를 강제로 재시동해보세요. 강제로 재시동하는 방법은 음량 높이기 버튼을 눌렀다가 떼고 음량 낮추기 버튼을 눌렀다가 뗀 다음, 애플 로고가 나타날 때까지 상단 버튼을 길게 누릅니다. 홈 버튼이 있는 아이패드라면 상단 버튼과 홈 버튼을 동시에 누르고 애플 로고가 나타나면 버튼에서 손을 뗍니다.

아이폰과 아이패드 연동

저는 원래 애플 제품에는 전혀 관심 없었어요. 그러다 디지털 다이어리에 반해 아이패드를 구매했고, 그 후 아이폰, 맥북, 애플워치까지 차례대로 사용하게 되었습니다. 이렇게 애플 제품을 모으게 된 이유 중 하나가 애플 기기 간의 편리한 연동성 때문이었어요.

애플의 기기들은 만나면 놀라운 연동성의 힘을 발휘해요. 애플 기기의 연동성을 한 번 경험하고 나면 헤어날 수 없다고 해서 '애플 지옥'이라고 부르기도 합니다. 아이폰에서 하고 있던 작업을 그대로 아이패드에서 할 수도 있고, 반대로 아이패드에서 하고 있던 작업을 아이폰에서 그대로 할 수 있죠. 애플 기기라면 모두 이런 편리한 연속적인 작업을

할 수 있어요.

애플에서 연속성이란 아이클라우드, 블루투스 및 와이파이 같은 기술을 활용하여 사용자가 한 기기에서 다른 기기로 하던 작업을 계속하고, 전화를 걸거나 받고, 문자 메시지를 주고받으며, 디바이스 간 인터넷 연결을 공유할 수 있도록 해주는 기능을 말합니다.

• 핸드오프
연속성의 기능 중 하나인 핸드오프(Handoff)가 정확하게 어떤 기능인지 알고 있나요? 핸드오프는 사용자의 아이폰과 아이패드가 서로 가까이에 있을 때 한 기기에서 수행 중인 작업을 자동으로 다른 기기로 전달할 수 있도록 하는 기능이에요. 즉 핸드오프를 사용하면 사용자가 기기 간 연속적인 작업이 가능해집니다.

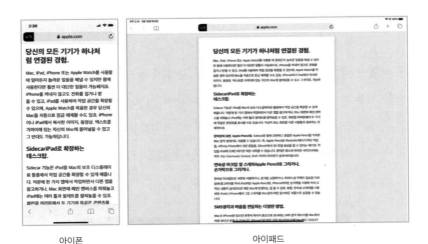

아이폰   아이패드

아이폰에서 사파리나 크롬을 통해 인터넷 서핑을 하다가 큰 화면으로 보고 싶을 때, 아이폰에서 작업하던 페이지를 바로 아이패드에서 볼 수 있습니다. 아이패드의 독 오른쪽에 스마트폰 아이콘 표시가 있는 앱을 누르면 돼요. 사파리에서 읽기 도구 보기를 사용한 경우 읽기 모드까지 그대로 유지됩니다.

인터넷을 하다가 다른 디바이스로 옮길 때, 메일을 보내다가 다른 디바이스로 옮길 때도 사용할 수 있습니다. 보고 있거나 작성 중인 내용까지 그대로 유지되기 때문에 작업하고 있던 것을 이어서 할 수 있어서 핸드오프는 굉장히 유용한 기능 중 하나입니다.

핸드오프 기능을 사용하기 위해서는 기기가 서로 가까이 있어야 하고, 각 기기에서 동일한 애플 아이디로 아이클라우드에 로그인되어 있어야 해요. 또한 각 기기에서 블루투스, 와이파이, 핸드오프가 켜져 있어야 합니다.

핸드오프 기능을 활성화 또는 비활성화 하려면 [설정] - [일반] - [AirPlay 및 HandOff]에서 핸드오프 설정을 변경할 수 있어요.

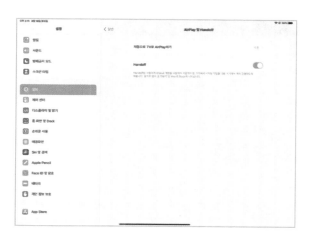

아이패드에서 핸드오프가 지원되는 앱을 열고 (메일, 지도, 사파리, 미리 알림, 캘린더, 연락처, 페이지, 넘버스, 키노트 및 다양한 앱에서 핸드오프가 지원됩니다) 무언가를 작업하다가 아이폰으로 전환하고 싶을 때, 아이폰 화면 하단을 쓸어 올려 앱 전환기를 열고 화면 하단에 나타나는 앱 배너를 누르면 돼요. 이 방법으로 아이패드에서 하던 작업을 그대로 이어서 아이폰에서 할 수 있어요.

아이폰

아이패드

• 공통 클립보드

공통 클립보드(Universal Clipboard)는 핸드오프를 활용하여 지금 사용하고 있는 애플 기기에서 텍스트, 이미지, 사진, 비디오 등의 콘텐츠를 복사한 후 다른 애플 기기에서 붙여넣을 수 있는 기능입니다.

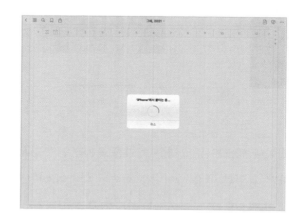

공통 클립보드는 핸드오프를 활용한 기능이기 때문에 핸드오프 사용 조건과 동일하게 환경을 만듭니다.

평소에 하던 것처럼 텍스트 또는 이미지를 복사하고 다른 기기에서 콘텐츠를 붙여넣으면 돼요. 예를 들어 아이폰에서 복사한 콘텐츠를 아이패드에 바로 붙여넣을 수 있어요. 아이폰에서 아이패드로 혹은 아이패드에서 아이폰으로 이미지와 메모 등을 공유하고 싶을 때, 이 방법을 사용하면 아주 편리합니다.

아이폰   아이패드

보통 사진이나 텍스트 등을 다른 기기를 옮기려면 클라우드 앱을 이용해야 하지만, 동일한 애플 아이디로 접속된 디바이스라면 별도의 클라우드 앱 없이 텍스트 또는 이미지를 복사한 후 붙여넣기만 하면 돼요.

아이폰으로 찍은 사진을 이미지 복사하여 아이패드로 가져온 후 굿노트 등 앱을 이용해 사진 위에 메모를 하고, 메모를 남긴 사진을 복사해서 메신저나 메일 등으로 상대방에게 전송할 수 있어요.

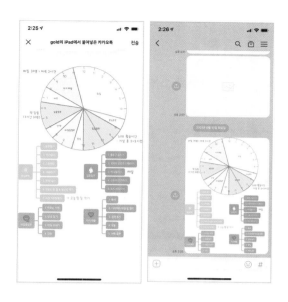

• 에어드롭

에어드롭(AirDrop)을 사용하여 근처에 있는 다른 애플 기기와 사진, 문서 등을 서로 공유하고 받아볼 수 있어요. 콘텐츠를 공유 받을 자신의 기기나 상대방의 기기가 근처에 있고, 블루투스 및 와이파이가 켜져 있는 상태라면 에어드롭 기능으로 엄청나게 빠른 속도로 주고받을 수 있습니다. 사진은 물론 문서 그리고 영상까지도 전송이 가능해요.

에어드롭으로 전송하는 방법은 보낼 항목을 열고 [공유] - [AirDrop] 에서 보낼 사용자의 이름을 확인하고 선택하면 됩니다. 에어드롭은 자기 자신의 디바이스뿐만 아니라 가까이 있는 애플 기기를 가진 다른 누군가에게 보내거나 받을 수 있어요.

저는 아이폰으로 영상을 찍고, 아이패드로 영상을 편집하는데, 에어
드롭으로 아이폰에서 찍은 영상을 아이패드로 전송하면 정말 빠른 속
도로 옮길 수 있어서 생산성과 작업효율이 올라갔어요.

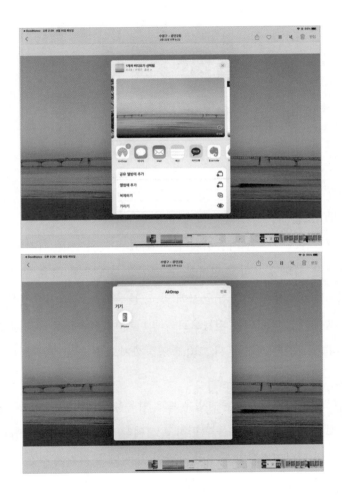

• 와이파이 암호 공유

여러 대의 디바이스를 사용할 경우 와이파이 비밀번호가 길면 기기마다 하나하나 입력하기가 정말 귀찮은데요. 애플 기기는 사용자 간 와이파이 암호 공유가 가능합니다. 즉 자신이 가진 애플 기기 간 공유는 물론 애플 기기를 보유한 다른 친구와의 암호 공유도 가능해요. 다만 서로의 연락처에 등록되어 있는 사람에 한해 와이파이 패스워드 공유가 가능해요.

아이폰   아이패드

예를 들어 친구들과 함께 여행 중 숙소의 와이파이를 애플 사용자가 잡았다면 같은 숙소를 쓰는 친구들은 비번을 굳이 입력하지 않더라도 와이파이 연결이 가능합니다. 와이파이 암호 공유 방법은 먼저 두 기기 모두에서 와이파이와 블루투스가 켜져 있는지 확인합니다. 한 기기에서 연결할 와이파이를 선택한 후 암호를 입력해 와이파이에 연결합

니다. 그 후 다른 기기에서 같은 와이파이를 선택하면 와이파이를 먼저 연결한 아이폰 사용자에게 암호 공유 메시지가 나타납니다. [암호 공유]를 선택하면 즉시 상대방과 암호 공유를 할 수 있어요.

• 통화, 메시지 연동

아이폰과 동일한 네트워크에 연결되어 있는 아이패드에서 전화를 걸고 받을 수 있습니다. 아이폰으로 전화가 걸려오면 사용하는 모든 애플 기기에서 동시에 울리게 됩니다. 그래서 아이폰이 멀리 있더라도 지금 가까이 있는 애플 기기로 통화나 메시지 확인이 가능합니다.

키보드 단축키 보기

앱을 사용할 때나 홈 화면에서 키보드의 [command(⌘)]를 길게
누르면 사용할 수 있는 단축키 목록을 한눈에 확인할 수 있어요.

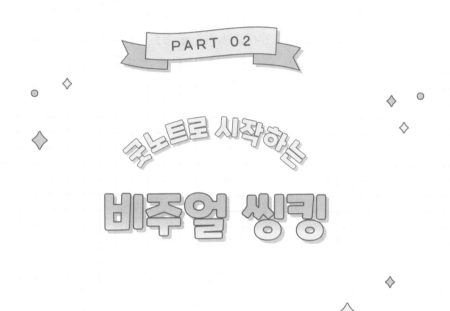

PART 02

굿노트로 시작하는

비주얼 씽킹

누구나 쉽게 할 수 있는
비주얼 씽킹

지금부터 아이패드에서 가장 많이 활용하게 될 굿노트에 대해 알아봅시다. 굿노트에 대해 알아가면서 비주얼 씽킹(생각을 글이나 이미지를 통해 체계화하여 이해력과 기억력을 높이는 시각적 사고법)도 함께 해봅시다. 딱딱하게 기능만 설명하기보다는 하나의 결과물을 함께 만들면서 지루하지 않게 굿노트를 익힐 수 있습니다.

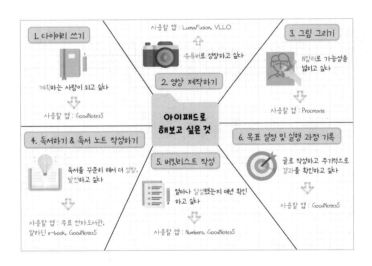

비주얼 씽킹을 하면 다양한 정보를 시각적으로 표현할 수 있어요. 저는 '아이패드로 해보고 싶은 것'을 주제로 비주얼 씽킹을 했어요. 지금 이 책을 읽고 있다면 아이패드를 어떻게 하면 잘 사용할 수 있을지에 대한 고민이 있을 거예요.

아이패드로 하고 싶은 것들을 글로 정리해보고, 어떻게 사용할지 그림을 그려 정리해보세요. 머릿속으로만 생각하기보다는 그림으로 시각화하면 실행 방안을 구체적으로 떠올릴 수 있고, 더불어 동기부여까지 생긴답니다.

비주얼 씽킹이 복잡한 생각이나 정보를 체계적으로 정리할 수 있다는 장점이 있지만, 그림을 잘 그리지 못하는 사람에게는 부담이 될 수 있습니다.

하지만 아이패드를 이용하면 다양한 아이콘과 이미지를 사용할 수 있어서 누구나 쉽게 비주얼 씽킹을 할 수 있답니다. 나의 꿈, 올해의 목표, 앞으로의 계획 등 여러분이 원하는 주제를 혼자서 비주얼 씽킹을 해봐도 좋을 것 같아요. 그럼 시작해 볼까요?

굿노트
첫 화면 알아보기

굿노트를 처음 실행하면 나타나는 화면을 '라이브러리'라고 불러요. 여기서 모든 문서와 폴더를 생성하고 관리할 수 있어요. 굿노트의 라이브러리는 컴퓨터의 바탕화면과 비슷한 역할을 합니다. 또한 작업을 하다보면 문서와 노트나 자료들이 점점 늘어나게 되는데, 폴더를 사용하여 정리하는 습관을 미리 들여놓으면 도움이 됩니다.

굿노트에서는 필요한 만큼의 폴더를 생성하여 문서나 자료, 기타 폴더를 넣어둘 수 있습니다. 역시 컴퓨터와 비슷하죠? 굿노트에서 폴더를 생성하는 방법도 컴퓨터만큼이나 쉬워요.

1 라이브러리에서 파란 점선 안의 [+] - [폴더]를 터치합니다.

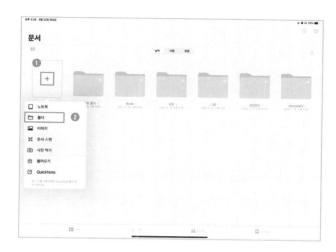

2 폴더 명을 입력한 다음 [완료]를 터치합니다. 저는 '실습용 폴더'라고
입력했어요. 폴더가 라이브러리에 생성됩니다.

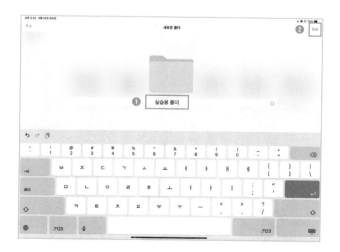

굿노트
시작하기

노트북 만들기

굿노트에서는 노트를 노트북이라고 불러요. 앞에서 만들어 둔 폴더 안에 노트를 만들어 봅시다. 굿노트에서는 다양한 노트 템플릿과 표지를 기본적으로 제공하고 있어요.

생성한 폴더에 들어가서 파란 점선 안의 [+] - [노트북]을 터치하세요. 왼쪽 상단의 표지와 종이 미리보기를 선택하여 각각 마음에 드는 템플릿을 선택합니다. 표지는 [A4, 가로] - [브러시]를, 종이는 [A4, 가로] - [모눈종이]를 사용합니다. 노트북 제목을 입력하고 [생성]을 터치합니다.

페이지 스크롤

손가락으로 화면의 왼쪽과 오른쪽으로 밀면 이전 페이지와 다음 페이지를 볼 수 있습니다. 굿노트를 처음 설치할 때 기본적으로 스크롤 방향이 수평으로 설정되어 있는데, 수직으로 변경할 수도 있습니다. 수직 스크롤로 설정하고 위, 아래로 밀면 이전 페이지와 다음 페이지를 볼 수 있습니다.

굿노트의 오른쪽 상단의 [···]를 터치하여 [스크롤 방향] - [수평 또는 수직]을 선택합니다.

동일한 템플릿 추가하기

• 추가하기 ①

노트북의 마지막 페이지에서 새 페이지를 추가하려면 다음 페이지로 이동하려는 것처럼 왼쪽으로 밉니다. [당겨서 페이지 추가하기]에서 [놓아서 페이지 추가하기]로 바뀌면 손을 뗍니다. 마지막 페이지와 동일한 페이지를 무한으로 생성할 수 있습니다.

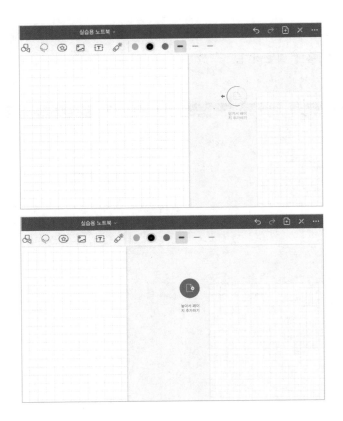

• 추가하기 ②

오른쪽 상단의 [📄]를 터치하여 [전 / 후 / 마지막 페이지]를 선택한 다음 아래 [현재 템플릿]을 터치합니다. 이 방법을 사용하면 마지막 페이지가 아니더라도 현재 템플릿과 동일한 템플릿을 현재 보이는 노트의 '전 / 후 / 마지막'에 생성할 수 있습니다.

• 추가하기 ③

왼쪽 상단의 [▦]를 터치하여 미리보기를 엽니다. 복제하고 싶은 페이지 아래의 [화살표]를 터치하여 [복제]를 터치합니다. 선택한 페이지 바로 뒤에 동일한 템플릿이 생성됩니다.

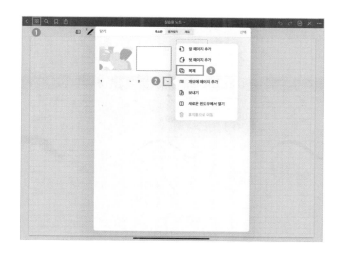

아이패드로
하고 싶은 일

펜 도구 사용하기

굿노트에 필기를 하기 전에 굿노트의 펜 도구(✏)에 대해 알아봅시
다. 굿노트에서 사용 가능한 펜 종류는 만년필, 볼펜, 화필 세 가지입
니다.

펜을 잡는 방법과 펜을 쓸 때의 압력이 사람마다 다르기 때문에 자
신에게 맞는 펜 종류가 다를 거예요. 펜 도구를 한 번씩 써보면서, 자신
에게 가장 적합한 펜 스타일을 찾아보세요.

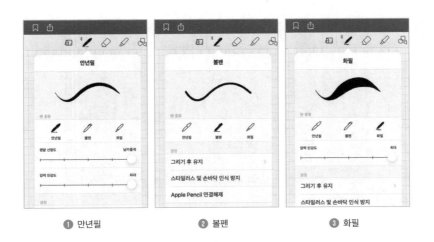

❶ 만년필　　　　　❷ 볼펜　　　　　❸ 화필

❶ **만년필** 압력에 민감한 펜 스타일로 펜 설정에서 [펜끝 선명도]와 [압력 민감도]를 각각 5단계로 조절해서 사용할 수 있습니다.

❷ **볼펜** 압력에 민감하지 않은 펜 스타일로 일정한 굵기로 나옵니다.

❸ **화필** 압력 감지가 높은 펜 스타일로, 펜 설정에서 [압력 민감도]를 5단계로 조절해서 사용하고 캘리그라피용으로 많이 사용합니다.

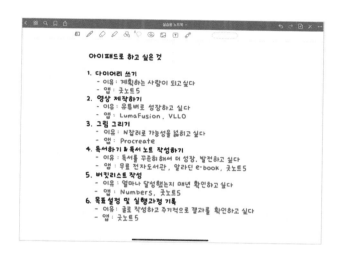

자신에게 맞는 펜 도구를 찾았다면 아이패드로 해보고 싶은 것을 적어 봅시다. 남들이 해서가 아닌 진짜 내가 하고 싶은 것을, 왜 하고 싶은지, 어떤 앱을 사용해서 시도해볼 것인지를 함께 적어보면 좋아요. 머릿속으로 생각하기보다 구체적인 이유와 방법을 적으면 목표한 일을 해낼 가능성이 더 높아집니다.

윈도우 확대/축소 도구 사용하기

종이에서는 확대/축소가 안 되지만 아이패드에서는 화면을 확대/축소하며 글씨를 적을 수 있어요. 아이패드에서 글자를 적을 때 종이에 쓰듯이 바로 쓰지 말고 노트 화면을 두 손가락으로 크게 확대해서 적어 보세요. 글자를 훨씬 더 또박또박 적을 수 있습니다.

확대해서 쓰다보면 글자가 유독 잘 써지는 자신만의 확대 비율도 찾을 수 있어요. 그런데 굿노트에서는 확대의 정도를 숫자로 설정할 수 없고, 눈대중으로만 파악할 수 있어요.

그래서 매번 같은 확대 비율로 글자를 쓰고 싶다면 윈도우 확대/축소 도구(⊡)를 사용합니다. 윈도우 확대/축소 도구를 누르면 파란색 상자가 화면에 나타나고, 그 아래에 파란색 상자에 해당하는 영역의 일부가 확대되어 보입니다.

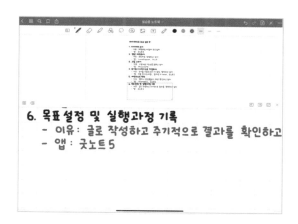

• 확대 창 크기 조정하기

확대 창은 두 가지 방법으로 크기 조절을 할 수 있습니다.

첫 번째, 페이지에 나타난 파란색 상자의 대각선을 드래그하여 크기를 조정합니다.

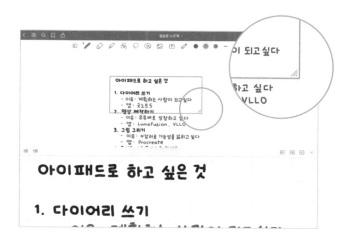

두 번째, 회색 확대 창의 양쪽 아래 핸들을 세로로 드래그하여 높이 크기를 조정합니다. 핸들이 표시되지 않으면 확대/축소 창의 상단 부분을 잡고 끝까지 드래그하면 양쪽 아래 핸들이 나타납니다.

· 이어쓰기 도우미

굿노트에서는 확대 창의 이어쓰기 도우미를 사용하면 확대 창에서 끊김 없이 메모를 작성할 수 있습니다. 확대 창에서 펜으로 작성할 때 중간 영역을 지나면 창의 왼쪽과 페이지에 파란색 투명한 박스 영역이 나타나는데, 이어쓰기 도우미라고 부릅니다.

파란색 투명한 박스 영역에서 글을 계속 작성하면 페이지의 파란색 테두리 상자가 자동으로 뒤로 이동합니다.

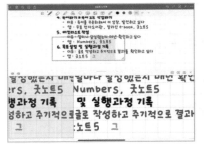 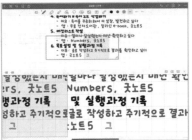

이어쓰기 도우미를 비활성화 하려면 페이지의 오른쪽 상단 모서리에 있는 [■]- [문서 편집] - [이어쓰기 도우미]의 설정을 끕니다.

지우개 도구 사용하기

글자를 적다 보면 잘못 썼거나 예쁘게 쓰이지 않아서 지우고 다시 쓰고 싶을 때가 있습니다. 이 때 펜 도구 옆에 지우개 도구(◇)를 사용합니다. 지우개 크기는 도구 모음의 오른쪽 섹션에서 세 가지로 바꾸어 사용할 수 있습니다.

• 지우개 추가 설정하기

지우개 도구를 두 번 터치하면 지우개의 설정을 변경할 수 있습니다.

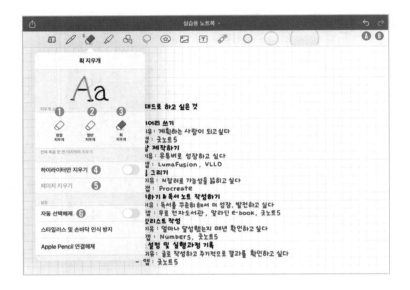

❶ **정밀 지우개**　신규로 추가된 지우개로 일반 지우개보다 더 정교하게 획의 일부를 지울 수 있습니다.

❷ **일반 지우개**　전체 획을 한 번에 지우는 획 지우개와는 달리 글자 획의 일부분만 지울 수 있습니다.

❸ **획 지우개**　전체 획을 한 번에 지울 수 있습니다.

❹ **하이라이터만 지우기**　펜으로 쓴 글자는 그대로 두고 하이라이터만 지울 수 있습니다.

❺ **페이지 지우기**　전체 페이지의 모든 내용을 지울 수 있습니다.

❻ **자동 선택해제**　펜슬을 화면에서 놓는 즉시, 자동으로 지우개 도구를 사용하기 전 마지막 사용한 도구로 전환됩니다.

• 실행 취소와 실행 복귀

방금 그은 획만 지우고 싶다면 [실행 취소(🔄)]를 선택하여 지울 수 있으며, 다시 실행하고 싶다면 [실행 복귀(🔄)]을 클릭하여 실행시킬 수 있습니다. 버튼을 클릭하거나 제스처를 이용할 수 있어요.

Ⓐ **실행 취소** 버튼을 터치하거나 두 손가락으로 페이지를 두 번 터치하거나 세 손가락으로 페이지를 오른쪽에서 왼쪽으로 쓸어 넘깁니다.

Ⓑ **실행 복귀** 버튼을 터치하거나 세 손가락으로 페이지를 왼쪽에서 오른쪽으로 쓸어 넘깁니다.

비주얼 씽킹의
중심 주제 작성하기

메모를 작성했던 다음 페이지에 새로 페이지를 만들어 비주얼 씽킹을 해볼게요. 지금부터 본격적으로 시작합니다.

요소 도구 사용하기

굿노트에서 가장 최근에 업데이트된 기능으로, 다이어리 꾸미기를 하거나 필기할 때 사용하기 좋은 스티커가 모여 있어요. 기본적으로 제공하는 스티커도 다양하지만, 자주 사용하는 스티커를 추가해 놓을 수도 있답니다.

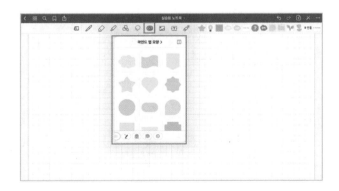

굿노트에서 기본으로 제공하는 스티커로 비주얼 씽킹을 시작해 볼 거예요. 굿노트의 [⊚]- [마인드 맵 모양] - [파일]을 선택하세요. 그러면 페이지 가운데에 파일 스티커가 삽입될 거예요. 만약 넣고 싶은 위치가 있다면 요소 도구(⊚)를 한 번 터치한 다음 넣고 싶은 자리를 화면에서 터치한 후 스티커를 선택하면 됩니다.

스티커를 삽입하면 나타나는 스티커 주변의 긴 화살표 아이콘으로 크기를 조절할 수 있어요. 화살표가 보이지 않는다면 상단 도구 모음에서 이미지 도구(⊡)를 클릭하고 도형을 한 번 터치하면 화살표가 생길 거예요. 도형 위에 텍스트를 적을 것이기 때문에 충분한 크기로 늘려 주세요.

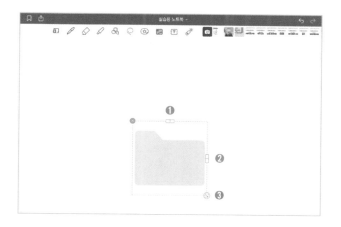

❶ **위 화살표**　위아래 크기 조절
❷ **오른쪽 화살표**　좌우 크기 조절
❸ **모서리 화살표**　회전 및 전체 크기 조절(비율은 고정)

올가미 도구 사용하기

펜 도구로 중심 주제를 적을 때 글자의 크기 조절을 위해 올가미 도구(◎)를 사용합니다. 사실 올가미 도구로는 개체의 크기 조절뿐만 아니라 이동하기, 복사/오려두기 및 붙여넣기 등 다양한 작업을 할 수 있기 때문에 굿노트에서 가장 자주 쓰이는 도구입니다.

• 올가미 도구 선택하기

올가미 도구로 필기나 하이라이터, 텍스트, 이미지를 선택할 수 있어요. 상단 도구 모음에서 올가미 도구를 선택하고, 선택하고 싶은 개체 위에서 동그라미를 그리면 파란 점선으로 올가미 영역이 지정됩니다. 필기한 부분 중 일부만 다음 페이지나 새 문서로 옮길 때도 유용하게 사용할 수 있습니다.

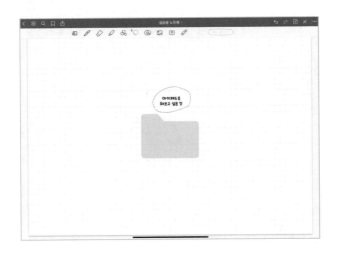

• 올가미의 팝업 메뉴

선택한 올가미 영역을 한 번 터치하면 올가미 영역 위에 검정색 팝업 메뉴가 나타납니다. 복사하기, 크기 조절, 색상 변경, 스크릿샷, 그래픽 추가, 변환(필기를 텍스트로 변환), 오려두기와 삭제를 할 수 있어요.

• 특정 유형의 개체 선택

기본적으로 올가미 도구는 페이지에 있는 모든 종류의 필기, 이미지, 텍스트 상자를 선택할 수 있어요. 만약 이미지 위에 작성한 글씨만 선택하여 이동하거나 복사하고 싶을 때는 올가미 옵션을 바꿉니다. 올가미 도구를 두 번 터치하면 나타나는 설정에서 필기, 이미지, 텍스트 상자 중 특정 유형의 개체만 선택해서 사용할 수 있습니다.

1 올가미 도구를 두 번 터치하여 올가미 도구 설정이 열리면 이미지가 선택되지 않도록 [이미지]를 비활성화 시킵니다.

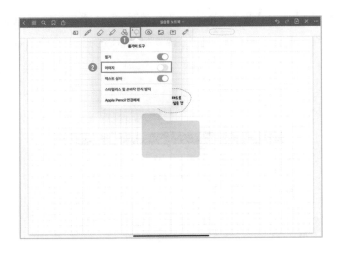

2 다시 올가미 도구로 글자를 선택하면 뒤에 도형은 선택되지 않고 글 자만 선택된 것을 확인할 수 있습니다. 올가미 영역을 한 번 터치하여 팝업 메뉴에서 [크기 조정]을 선택하세요.

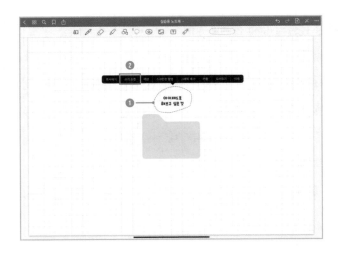

3 대각선 화살표를 드래그하여 크기를 늘립니다. 글자의 위치도 파일 이미지 위로 이동해주세요.

비주얼 씽킹의
하위 주제 작성하기

반듯한 직선과 도형 그리기

굿노트에서 필기를 하다보면 선을 긋거나 도형을 그릴 때가 있어요.
이때 반듯한 직선과 도형을 그릴 수 있어요.

첫 번째, 모양 도구(⚒)를 이용하는 방법입니다. 상단 도구 모음에
서 [⚒]를 선택해 보세요. 이 도구의 이름은 모양 도구입니다. 모양 도
구를 선택한 상태에서 도형을 그리고 펜을 놓는 순간 반듯한 도형이
그려져요.

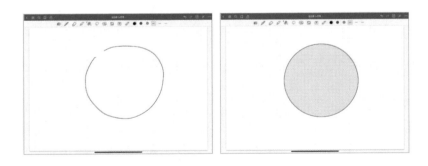

두 번째, 펜 도구나 하이라이터 도구(✎)를 이용하는 방법입니다. 펜

도구를 사용하여 도형을 그리고 마지막 점에서 펜슬을 놓지 않고 유지하면 반듯한 도형이 그려져요. 도형이 만들어지고 펜슬을 유지한 채로 움직이면 모양이 펜슬에 따라 변합니다.

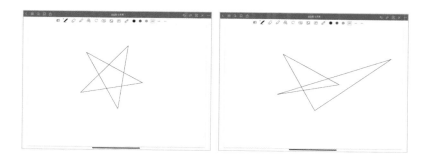

모양 도구 및 펜 도구로 직선을 그려 하위 주제를 작성할 칸을 나눕니다.

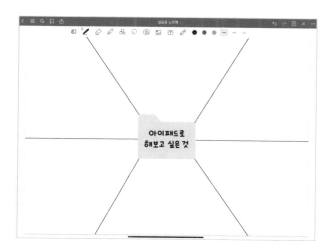

• 도형 편집 및 이동하기

모양 도구와 펜 도구, 하이라이터 도구로 그린 도형을 입맛에 맞게 편집할 수 있어요. 펜 또는 모양 도구를 선택하고 도형을 한 번 터치하세요. (펜 도구를 사용할 때는 손가락으로 터치하세요) 이때 도형에 나타나는 파란색 제어점을 이용하여 도형의 모양이나 크기를 변경할 수 있어요.

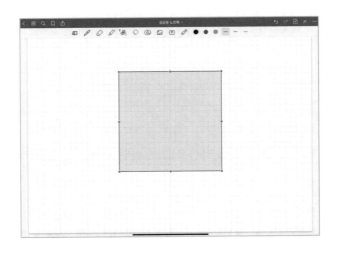

하위 주제 작성하기

아이패드로 작성할 때는 글자를 예쁘게 쓰지 못해도 괜찮습니다. 상단 도구 모음에서 텍스트 도구(Ⓣ)를 선택하고 페이지를 터치하면 텍스트 상자가 만들어지는데, 화면 키보드나 블루투스 키보드를 이용해 텍스트를 입력할 수 있습니다.

• 텍스트 입력하기

입력한 텍스트의 서체나 크기 등을 자유롭게 변경할 수 있습니다. 텍스트 도구를 선택하고 텍스트 상자를 터치하면, 상단 도구 모음의 오른쪽 섹션에서 텍스트 속성을 변경할 수 있어요.

❶ **서체** 　아이패드에 설치된 폰트로 서체를 변경할 수 있습니다.

❷ **폰트 크기** 　1pt부터 최대 146pt까지 폰트 크기를 설정할 수 있습니다.

❸ **정렬 및 줄 간격** 　텍스트 정렬을 바꾸거나 텍스트 줄 간격(1~200pt)을 변경할 수 있습니다.

❹ **텍스트 색상** 　프리셋이나 사용자화에서 텍스트 색상을 선택하여 변경할 수 있습니다.

❺ **텍스트 상자 스타일** 　프리셋에서 스타일을 선택하거나 텍스트 배경과 테두리 색상, 그림자 등 스타일을 사용자화 할 수 있습니다.

❻ **기본 값으로 저장** 　텍스트 상자에 적용되어 있는 스타일을 기본 값으로 저장하여 사용할 수 있습니다. 기본 값으로 저장한 후 텍스트 상자를 생성하면 저장된 스타일 값으로 텍스트가 입력됩니다.

• 텍스트 상자 삭제하기

텍스트는 지우개 도구로는 지워지지 않습니다. 텍스트 도구를 선택하고 텍스트 상자를 터치하면 텍스트 상자 위에 검정색 팝업 메뉴가 나타납니다. 여기에서 [삭제]를 선택하면 텍스트 상자가 전체 삭제됩니다. 또는 올가미 도구로 텍스트 상자만 선택해서 삭제할 수 있습니다.

텍스트 도구에서 삭제하기

올가미 도구에서 삭제하기

아이패드에 폰트 설치하고 굿노트에서 사용하기

텍스트를 입력하다 보면 기본으로 설치되어 있는 폰트 중에서는 마음에 드는 폰트를 찾기 어려울 수 있어요. 몇 단계를 거쳐서 아이패드에 폰트를 설치해주면 굿노트에서도 예쁜 폰트를 사용할 수 있습니다. 폰트를 설치하면 다이어리를 쓸 때나 강의를 필기할 때 유용합니다.

• iFont 앱 설치하기

굿노트에서 폰트를 사용하기 위해서는 iFont 앱을 설치하면 되는데, 앱스토어에서 무료로 다운로드 받을 수 있습니다.

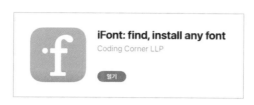

• 아이패드에 폰트 설치하기

아이패드에 폰트를 설치하기 위해서는 먼저 폰트 파일을 아이패드에 다운로드합니다. 폰트를 무료로 다운로드 받을 수 있는 사이트 중하나인 네이버의 클로바 사이트에서 폰트를 다운로드 받아볼게요.

1 사파리 앱을 열어 '네이버 나눔손글씨'를 검색하거나 'https://clova. ai/handwriting'에 접속합니다. 마음에 드는 폰트를 하나 선택해 주세요. '나눔손글씨 암스테르담' 폰트를 찾아 클릭하고 [설치하기]를 누릅니다.

2 '나눔손글씨 암스테르담.ttf'을(를) 다운로드하겠습니까? 라는 문구가
  뜨면 [다운로드]를 눌러 주세요.

3 다운로드하면 오른쪽 상단에 아래 화살표를 클릭하면 다운로드 항목
  에서 방금 다운받은 폰트가 보입니다. 폰트 파일이 보이지 않는다면
  [파일] 앱 - [다운로드]에서 찾을 수 있어요.

4 다운로드한 폰트 파일을 클릭하면 폰트 미리보기 창이 열립니다. 오른쪽 [⬆]을 눌러 파일을 iFont 앱으로 공유합니다.

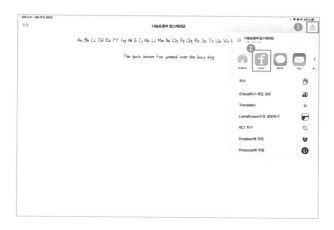

5 iFont 앱이 열리면서 왼쪽 영역에 '나눔손글씨 암스테르담 Regular' 파일이 보일 거예요. [INSTALL] 버튼을 눌러 다음과 같이 나타나면 [허용]을 눌러 주세요

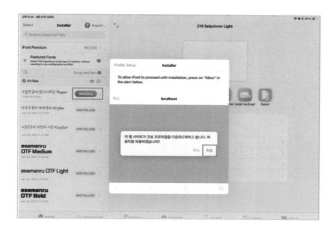

6 아이패드의 [설정] 앱 - [프로파일이 다운로드됨]을 클릭합니다.

7 프로파일 설치 화면이 나타나면 오른쪽 상단의 [설치] 버튼을 누르고
암호를 입력합니다.

8 아이패드에 폰트가 설치되었습니다. 굿노트에서 텍스트 도구를 누르고 서체를 확인해보면 설치한 폰트가 보입니다. 굿노트와 폰트 설정이 가능한 아이패드의 모든 앱에서 방금 설치한 폰트를 사용할 수 있어요.

• 제목 작성하기

텍스트에 다양한 스타일을 설정할 때 매번 설정 값을 바꾸려면 번거로워요. 같은 서식을 반복해서 작성하고 싶을 때는 텍스트 기본 값으로 저장 기능을 활용하거나, 텍스트를 올가미 도구로 선택해서 복사와 붙여넣기 한 다음 텍스트 내용만 편집해서 사용하면 편합니다.

앞에서 '아이패드로 해보고 싶은 것'에 대해 기록할 때 하고 싶은 이유와 사용할 앱을 함께 작성해보았어요. 그 내용을 비주얼 씽킹으로 옮겨 적습니다. 작성한 내용에 따라 색상과 스타일을 다르게 해주면 내용이 한눈에 구분됩니다.

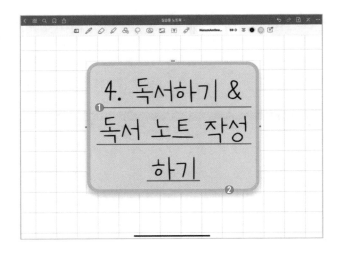

❶ **텍스트 스타일**

· **서체**   나눔손글씨 암스테르담

· **크기**   50

· **정렬 및 줄 간격**   가운데 정렬 / 자동

· **텍스트 색상**   검정

❷ **텍스트 상자 스타일**

· **배경 색상**   #B8DEFF

· **테두리**   5pt

· **테두리 색상**   #88C8FF

· **안쪽 여백**   5pt

· **둥근 모서리**   15pt / 그림자 활성화

텍스트 상자의 크기를 조절하고 싶을 경우에는 텍스트 양 옆의 조절점을 이용해 크기를 알맞게 조절합니다. 텍스트 상자의 크기에 맞춰 배경 색상과 테두리 색상이 채워집니다. 텍스트 상자 안에 일부 텍스트만 선택하여 색상을 변경할 수 있습니다.

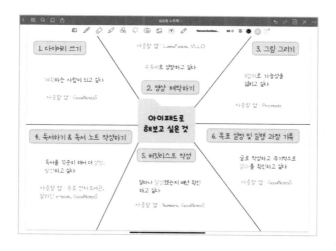

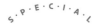

무료 폰트 사이트

• **Dafont**

다양한 영문 폰트를 무료로 다운로드 받을 수 있는 사이트입니다. 영화 타이틀, 캘리그라피, 스크립트 폰트부터 딩뱃같이 그림으로 이루어진 폰트까지 다양한 폰트를 검색하고 비교하여 최적의 폰트를 내려 받을 수 있도록 되어 있습니다. 모든 폰트는 무료로 내려 받을 수 있지만, 저작권에 주의를 기울여야 합니다. 폰트마다 제한적인 라이선스가 적용되어 개별 폰트의 용도 제한을 반드시 확인하고 사용해야 합니다. 만약 저작권 문제가 신경 쓰인다면 검색 설정에서 100% Free를 체크하고 검색된 폰트를 사용하면 됩니다.

• 눈누

상업적으로 이용할 수 있는 무료 한글 폰트를 모아놓은 사이트입니다.
고딕, 명조, 손글씨 등 다양한 상업용 서체를 다운로드 받을 수 있습니다.

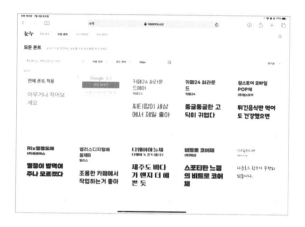

• 네이버 클로바

다양한 나눔손글씨 글꼴을 무료로 다운로드 받을 수 있는 사이트입니다.
나눔손글씨 글꼴은 누구나 무료로 사용할 수 있습니다.

비주얼 씽킹의 그림 추가하기

　　지금부터 내용이 한눈에 파악이 될 수 있도록 그림을 넣어봅시다. 굿노트에서는 이미지 도구를 사용하여 페이지에 이미지를 추가할 수 있어요. 그림을 직접 그려도 되고 이미지를 삽입해도 됩니다. 굿노트 상단 도구 모음에서 이미지 도구를 선택합니다. 페이지의 아무 곳이나 터치하면 팝업 창이 나타납니다. 바로 나타나는 [사진] 탭에서는 사진 앱에 저장된 이미지를 불러올 수 있습니다. [다음으로부터 삽입하기]를 클릭하면 파일에 저장된 이미지를 가져올 수 있습니다.

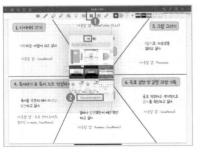

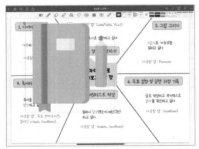

tip 인터넷에서 무료로 이미지를 다운로드 받을 수 있는 사이트는 많지만, 저는 flaticon 사이트를 이용했어요. flaticon 사이트에는 다이어리 스티커처럼 유용하게 사용 가능한 간단한 아이콘들을 무료로 다운로드 받을 수 있어요.

드래그 앤 드롭

아이패드에서는 이미지를 저장하지 않고도 드래그 앤 드롭으로 아주 편하게 이미지를 굿노트 페이지에 불러올 수 있습니다.

1 사파리와 굿노트를 스플릿 뷰로 실행합니다. 사파리의 이미지를 꾹 누르면 이미지가 플로팅 됩니다.

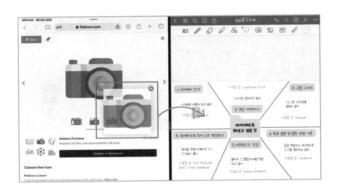

2 그대로 이미지를 굿노트 앱으로 가져오면 굿노트에 이미지가 삽입됩니다.

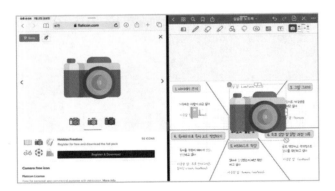

3 다른 이미지들도 찾아서 다음과 같이 삽입해보세요.

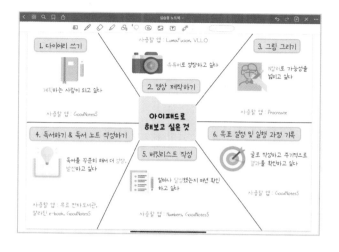

비주얼 씽킹의
결과물 자랑하기

굿노트에서 작업한 문서를 나만 확인하며 사용할 수도 있지만, 작업한 문서나 페이지를 다양한 파일 형식으로 내보내기 할 수 있어요. 작업한 문서를 파일 내보내기 한다면, 공동 작업을 하거나 누군가에게 제안하고 보여줘야 할 때 유용하게 사용할 수 있어요.

내보내기로 지원되는 파일 형식으로 GoodNotes 문서(굿노트 앱에서만 파일을 확인), PDF, 이미지 파일이 있습니다. 또한 단일 문서 내보내기, 여러 문서 내보내기, 문서의 단일 페이지 내보내기, 문서의 여러 페이지 내보내기, 하나 이상의 폴더 내보내기가 가능합니다.

단일 문서 내보내기

첫 번째, 라이브러리 보기에서 문서 제목을 터치하고 [보내기]를 선택합니다.

두 번째, 페이지에서 왼쪽 상단의 [⬆]를 터치하고 [모두 보내기]를 선택합니다.

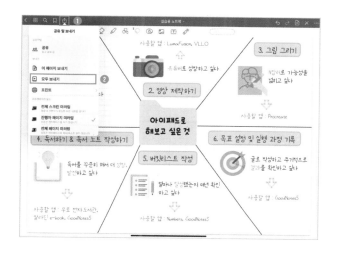

여러 문서 내보내기

라이브러리에서 오른쪽 상단의 [⚙]를 선택한 다음 내보낼 문서를
선택하고 나타나는 화면에서 [보내기]를 선택합니다.

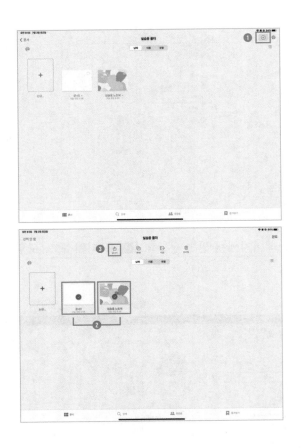

문서의 단일 페이지 내보내기

첫 번째, 페이지에서 [공유 및 보내기]를 터치하고 [이 페이지 보내기]를 선택합니다.

두 번째, 페이지에서 [▦]를 터치하여 미리보기로 이동하고 페이지의 썸네일 아래 화살표를 터치한 후 [보내기]를 선택합니다.

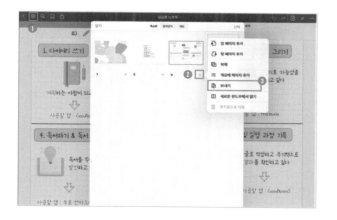

문서의 여러 페이지 내보내기

페이지에서 [▦]를 터치하여 미리보기로 이동한 후 오른쪽 상단의 [선택]을 누릅니다. 여러 장의 내보낼 페이지를 선택한 다음 [보내기]를 누릅니다.

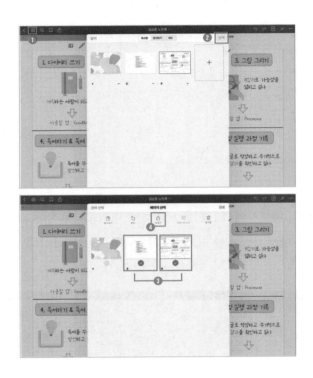

하나 이상의 폴더 내보내기

라이브러리에서 폴더를 선택하고 [보내기]를 선택합니다.

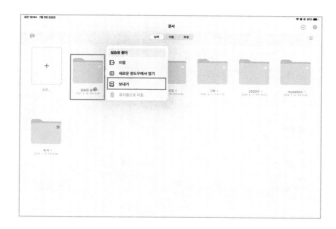

> *tip* 폴더는 압축 파일로 내보내기가 되며 폴더 안의 하위 폴더까지
> 그대로 보존됩니다.

이미지로 내보내기

1 완성한 비주얼 씽킹을 이미지로 바꾸어 인스타나 블로그 등 자신의 SNS에 업로드 하기 위해 이미지로 저장해봅시다. 왼쪽 상단에서 [공유 및 보내기] - [이 페이지 보내기]를 선택하세요.

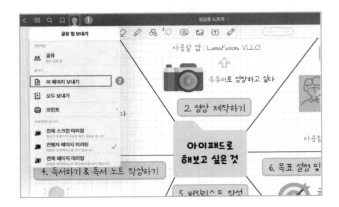

2 [이미지]를 선택하고 이때 옵션에서 [페이지 배경 포함]과 [주석 포함]을 활성화 하고 [보내기]를 선택하세요.

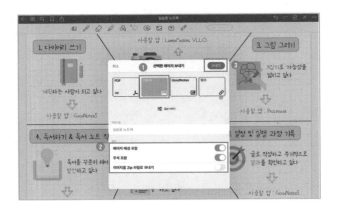

> *tip* [주석 포함]에서 주석은 굿노트에서 작성한 펜, 하이라이터, 텍스트, 이미지를 의미합니다.

3 JPEG 파일로 추출되었음을 알 수 있어요. [이미지 저장]을 눌러 사진
   앱에 저장하거나 다른 앱으로 공유할 수 있어요.

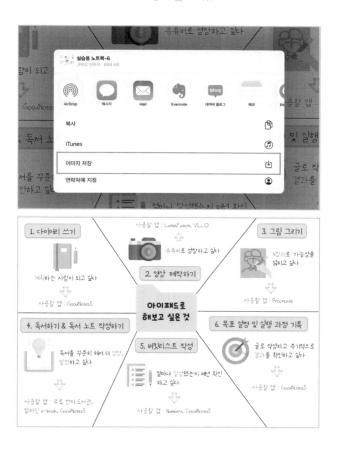

당신의 글씨가 예쁘지 않은 이유

예쁘게 노트 필기를 하고 마음껏 다이어리를 꾸밀 수 있겠다는 들뜬 마음으로 큰맘 먹고 구매한 아이패드. 막상 사용해보니 기대와는 다르게 글자가 마구 삐치고 마음과는 다른 글씨로 써져서 당황스럽기도 합니다. 다른 사람들은 모두 예쁘게 쓰는 것 같은데, 뭐가 문제일까요?

평소 종이에 쓰던 방법대로 아이패드에 글씨를 쓰면 당연하게도 종이에 적었던 글씨처럼 써지지 않습니다. 왜냐하면 종이와 아이패드는 사용 목적은 같을 수 있지만 전혀 다른 도구이기 때문입니다. 아이패드로 필기하고자 마음먹었다면, 종이에 쓰는 글씨와는 다른 전략(접근 방식)이 필요합니다. 아이패드를 계속 쓰다보면 글씨가 점점 좋아지는 것은 사실이지만, 필기 방법을 알면 더 빠르게 원하는 글씨를 쓸 수가 있겠죠.

저도 처음에는 종이에 쓰던 글씨와는 다르게 적혀 실망했던 적이 한두 번이 아니에요. 하지만 그동안 꾸준히 써보면서 여러 시행착오를 겪은 끝에 아이패드로 예쁘게 글씨를 쓰는 방법을 터득하게 되었고, 지금은 종이보다 아이패드로 적는 글씨가 훨씬 더 예뻐졌어요.

화면의 필름을 바꿔본다든지, 펜촉을 보완해본다든지 등도 좋은 팁이 될 수 있겠지만, 저는 이것보다 더 중요하게 생각하는 것이 있어요. 어쩌면 필름이나 펜촉보다 더 기본적이라 제일 간과하기 쉬운 부분이기도 해요. 바로 '속지' 입니다.

지금은 '에이~ 무슨 속지가 중요하다고'라고 생각할 수도 있겠지만 속지가 중요한 이유와 내게 맞는 속지를 찾는 방법에 대해서 알아봅시다. 간단한 변화 하나만으로 글자를 더 깔끔하고 보기 좋게 쓸 수 있을 거예요.

- **당신이 아이패드로 쓸 때 손이 금방 피로해지는 이유**

종이보다 아이패드로 필기할 때 손이 피로하다고 느껴지지 않나요? 평소에 펜 굵기를 0.3mm 이상으로 쓰고 있나요? 그렇다면 종이보다 아이패드에 쓸 때 손이 더 피로하다고 느끼는 이유를 설명할 수 있을 것 같아요. 펜 굵기가 0.3mm 이상이면 굵은 글씨가 나오고, 굵은 글씨로 쓰면 상대적으로 글자를 크게 쓰게 됩니다. 글자를 크게 적으면 손의 움직임이 커지므로 손이 빨리 피로해집니다. 또한 글자를 크게 적어야 하는 만큼 필기하는 데 시간이 많이 들죠.

글자 두께 0.3mm
글자 두께 0.15mm

쓰는 속도도 크게 쓸 때가 작게 쓸 때보다 느립니다. 한 글자 한 글자 쓰는데 더 많은 노력이 들어간다는 이야기겠죠. 그런데도 굵고 크게 쓰는 이유는 속지를 원래 크기로 되돌렸을 때 작은 글씨는 눈에 잘 보이지 않기 때문입니다.

가독성도 중요하지만 손의 피로도가 가중되면 갈수록 예쁜 글씨를 쓰기에는 어려워져요. 그렇다면 필기의 가독성은 높이면서 손의 피로도를 줄이기 위해서는 '얇고 작게 쓴 글씨도 잘 보이는 속지'를 제작해야 합니다.

• 종이와 아이패드는 같지 않다

종이와 아이패드의 디지털 종이를 비교하면 여러 가지 차이점이 있지만, 그중에서도 가장 큰 차이점은 아이패드의 디지털 종이는 확대와 축소가 가능하지만, 종이로는 불가능하다는 것입니다. A5와 A4 사이즈의 종이는 실물로 보면 차이가 드러나지만, 아이패드로 볼 때는 그 차이를 알기가 힘듭니다.

왼쪽 창에는 A4 사이즈를 오른쪽 창에는 A5 사이즈를 함께 띄우면 모눈 크기가 다르다는 점 말고는 차이를 확인하기 어려워요.

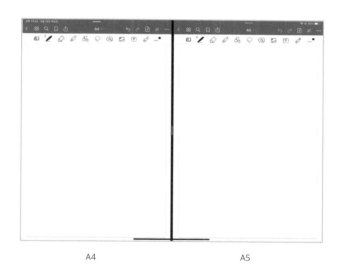

A4   A5

하지만 확대해서 글자를 같은 굵기로 적은 다음, 원래 크기대로 축소해보면 A5 사이즈에 비해 A4 사이즈에서 훨씬 더 작은 글씨로 보입니다.

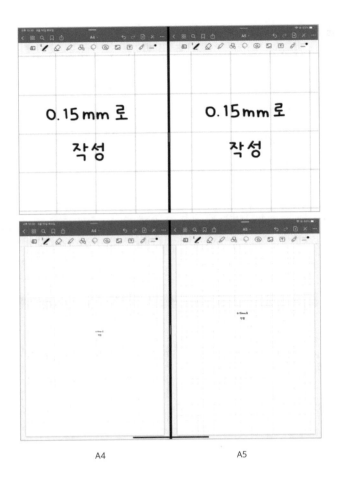

A4   A5

아이패드에서는 같은 굵기의 펜이라도 어떤 속지 사이즈에 적느냐에 따라 펜 굵기가 더 얇아보이기도 하고, 더 굵어 보이기도 합니다. 그래서 확대해서 적을 때는 눈에 잘 들어오도록 크게 글씨를 썼지만, 막상 축소해보면 눈에 잘 띄지 않을 만큼 글자가 작아지는 경우가 많아요.

아무리 또박또박 예쁘게 적더라도 한눈에 들어오지 않는다면 필기를 하는 의미가 없겠죠. 그래서 확대하여 글씨를 쓰고 축소하더라도 한눈에 보이는 속지가 필요합니다.

• 나에게 맞는 속지 | 예쁜 글씨를 위해 속지가 갖추어야 할 조건

예쁜 글씨를 위해 어떤 속지가 나와 맞는지 찾아봅시다. A4와 A5에 각각 같은 굵기와 크기로 글자를 적고 화면에서 어느 쪽이 더 잘 보이는지 확인해보세요. 저는 A5가 잘 보여서 A5 사이즈에 필기를 하기로 했어요.

그런데 글씨를 쓰는 게 완전히 편하다고 하기에는 아직 불편한 점이 있어요. 왜냐하면 '적당하게' 확대해서 '적당한' 펜 굵기로 적어야 비로소 예쁘게 써지기 때문이죠. 굿노트 사용자들이 '글씨가 잘 써지는 확대 비율이 있다'고 말하는 이유도 바로 이러한 이유 때문입니다.

'적당'이라는 단어 자체는 굉장히 애매모호합니다. 어느 정도가 적당하고, 적당하지 않은 걸까요? 필기할 때마다 '적당한' 확대 비율을 찾아야 한다면, 필기하는 것이 꽤 귀찮은 일이 됩니다.

그래서 저는 애매모호한 적당이란 단어를 없애버리고자 ❶ 최대한 확대했을 때, 예쁘게 적히고, ❷ 손의 부담이 가지 않고 ❸ 얇은 펜으로 적더라도 한눈에 글씨가 잘 들어오는 사이즈를 만들어보기로 했어요. 그렇게 하면 손의 피로감도 덜하고, 고민할 필요도 없이 최대한 확대해서 쓰면 되기 때문에 필기가 훨씬 더 편해질 겁니다.

1 자신이 원하는 비율의 속지를 정합니다. 종이 비율에는 여러 가지가
  있어요. A4 비율, 아이패드 화면 비율, 굿노트 필기 시 꽉 차는 화면 비
  율 등이 있어요. 이 중에서 어떤 비율로 만들고 싶은지 결정합니다.

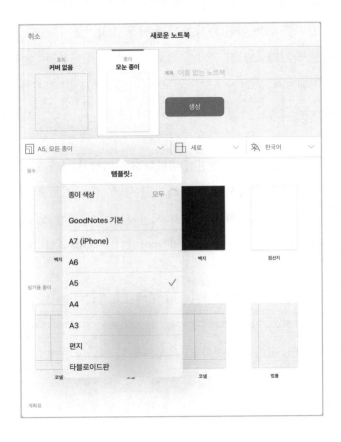

2 아이패드의 [페이지] 앱을 열어 새로운 문서를 생성합니다.

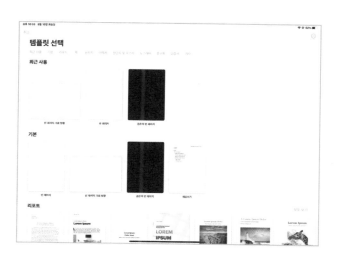

3 [⊙] – [문서 설정]에서 [사용자 설정 크기]에서 원하는 종이 사이즈
를 입력합니다. 이때 원하는 속지 비율을 계산해서 너비와 높이를 입
력합니다. 저는 굿노트 기본 템플릿 비율(8:5)인 너비는 16cm, 높이
는 10cm로 설정했습니다.

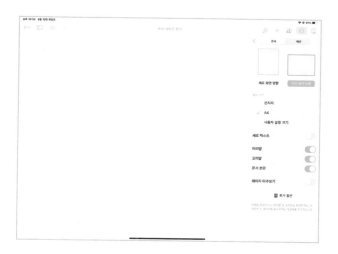

4 설정을 완료했다면 PDF 내보내기를 하고 굿노트로 공유합니다. 만들어 본 속지를 굿노트에서 테스트 하면서, 글씨가 잘 보일 때까지 문서 사이즈를 1~2cm씩 계속 변경하며 제작해봅니다. 이 과정을 반복하면 필기에 적당한 사이즈를 찾을 수 있어요.

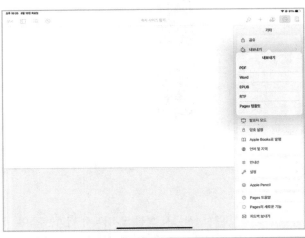

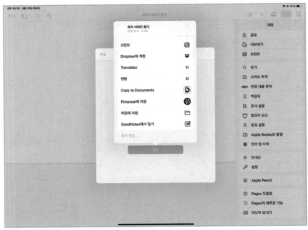

여기서 만들어본 속지를 A4 사이즈와 비교해보면 가독성, 필기감, 손의 피로도 등에서 확실히 다른 점이 느껴질 겁니다. 저도 이 과정을 통해서 굿노트에서 필기하기에 적합한 문서 사이즈를 발견했는데, 가로 16cm × 세로 12cm 사이즈가 제 손에 딱 맞았어요. A4보다는 작지만 제가 찾은 사이즈에 맞춰 모든 다이어리와 노트를 제작하고 있어요.

16cm × 12cm 사이즈로 만든 모눈 노트는 제 블로그에서도 공유하고 있어요. A4 모눈 노트와 비교해서 정말 속지를 바꾸는 것만으로도 필기가 편해지는지 확인해보면 좋겠어요.

사람마다 쓰는 글자 크기나 쓰는 방식, 아이패드 화면 크기 등이 다르기 때문에 제가 사용하는 사이즈가 맞지 않을 수도 있다는 점도 고려해주세요.

나의 필기 스타일에 맞는
속지 알아보기

PART 03

아이패드와 굿노트를
더 잘 사용하는
방법

생산성을 높이는 방법
드래그 앤 드롭

손가락 하나로 모든 제스처를 사용하고 적용할 수 있게 만들어 주는 아이패드의 드래그 앤 드롭은 놀라운 마법 같은 기능 중 하나예요. 드래그 앤 드롭을 사용하면 두 앱 간의 콘텐츠 교환이 가능해져 필기 노트처럼 간단한 작업이라도 강력하고 놀라운 워크 플로우를 구축할 수 있어요. 예를 들어 사진 앱의 편집 기능으로 이미지에 바로 마크업을 하고 이메일로 메모가 적힌 이미지를 드래그해서 상대방에게 전송할 수 있죠.

원활하고 창의적인 작업을 위해 아이패드와 굿노트에서 드래그 앤 드롭을 사용하는 것은 필수입니다. 아이패드와 굿노트에서 드래그 앤 드롭으로 가능한 것들을 살펴보면 앞으로 활용할 수 있는 것들이 더욱 다양해질 거예요.

문서의 이동과 복사 및 관리하기

드래그 앤 드롭 기능을 사용하면 문서를 이동하고 복사, 관리하는 것이 굉장히 편리해집니다. 복사할 문서의 축소판 보기에서 이동할 페이지를 길게 선택해서 다른 문서로 끌어다 놓기만 하면 됩니다.

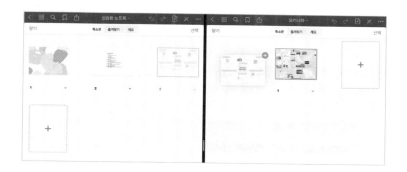

이동할 문서를 여러 개 선택할 수도 있어요. 처음 선택한 항목을 길게 터치한 상태에서 다른 손가락으로 추가 항목을 선택하면 됩니다. 파란색 배지에 선택된 항목의 수가 나타나요. 그런 다음 드래그 앤 드롭을 합니다.

• 굿노트 필기를 일정 관리 앱으로

굿노트로 오늘 작성한 일정을 미리 알림이나 캘린더와 같은 일정 관리 앱에도 함께 추가해 놓는다면 지나치지 않고 관리할 수 있을 거예요.

1 굿노트와 미리 알림이나 캘린더와 같은 일정 관리 앱을 스플릿 뷰로 엽니다. 올가미 도구를 사용하여 굿노트의 일정 필기를 선택합니다. 선택한 일정 텍스트를 다른 앱으로 드래그 앤 드롭하세요.

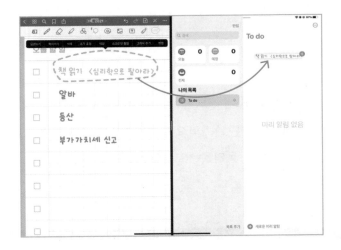

2 굿노트에서 손으로 적은 필기가 미리 알림 앱에서는 자동으로 텍스트로 변환되어 적용된 것을 확인할 수 있어요.

• 메모한 전화번호를 연락처 앱으로

급하게 연락처를 메모해야 할 때, 굿노트 라이브러리에서 [+]를 두 번 클릭하면 퀵노트(QuickNote)가 생성됩니다. 퀵노트에 일단 연락처를 메모해놓고, 연락처 앱을 열어 메모한 전화번호를 드래그 앤 드롭하면 텍스트 숫자로 자동 변환됩니다. 굿노트의 퀵노트 대신 iPadOS 15 업데이트 이후 추가된 빠른 메모를 사용해도 됩니다.

팀원과의 아이디어 공유

어떤 프로젝트를 진행하고 있다면 팀원과의 아이디어 공유는 반드시 필요합니다. 하지만 자신의 의견을 상대방에게 명확하게 전달하는 것은 항상 어렵습니다. 그림으로 작성한 메모를 다른 사람에게 전송하면 나의 아이디어를 훨씬 더 명확하게 전달할 수 있어요. 굿노트에 그림을 그려 아이디어 초안을 작성하고, 드래그 앤 드롭 기능으로 상대방에게 메일이나 메시지를 바로 보낼 수 있습니다. 굿노트와 메일이나 메신저를 스플릿 뷰로 열고, 올가미 도구를 사용하여 전송할 내용을 선택하여 드래그 앤 드롭합니다.

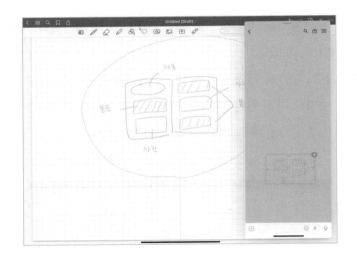

여행은 늘 설렙니다. 여행을 계획할 때부터 굉장히 들뜬 마음이 듭니다. 가고 싶은 음식점이나 카페, 유명한 사진 스폿 등 여행지에 대한 정보를 미리 정리해 놓으면 여행 갔을 때 여러모로 도움이 됩니다. 여행지의 지도 이미지를 활용하면 쉽게 여행 계획을 세울 수 있습니다.

1 [지도] 앱에서 여행지의 지도를 스크린샷 합니다. 왼쪽 하단에 있는 미리보기 이미지를 길게 누릅니다.

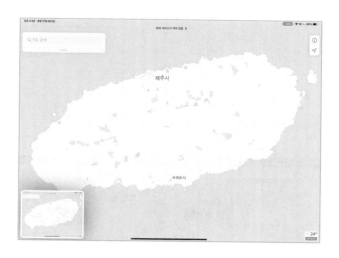

2 굿노트를 실행하여 라이브러리 위로 가져와 [⊕]이 생길 때 손을 놓으면 지도 이미지를 굿노트 문서로 가지고 올 수 있어요.

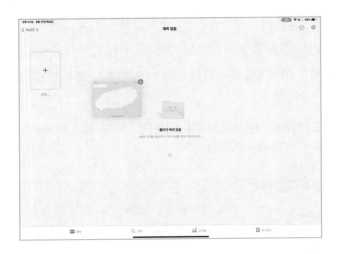

3 지도 위에 바로 마크업 하며 일정을 계획할 수 있어요.

4 작성한 여행 일정은 축소판 보기에서 드래그 앤 드롭하여 친구나 가
  족에게 메시지를 전송할 수 있어요.

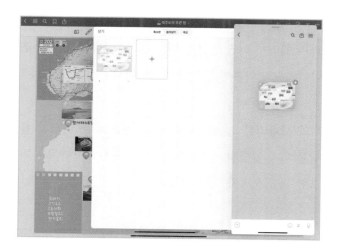

링크 열기

인터넷에서 블로그나 유튜브 등에서 발견한 멋진 콘텐츠를 저장해 두고 싶을 때 굿노트에 URL 링크를 필기로 적어두면 드래그 앤 드롭으로 사파리 앱에서 해당 링크를 바로 열 수 있습니다. 자주 사용하는 기능은 아니지만 알아두면 굉장히 편리합니다.

굿노트와 사파리를 스플릿 뷰로 열고, 펜으로 쓴 링크를 올가미 도구로 선택합니다. 선택된 영역을 길게 누르고 드래그하여 사파리 주소 창에 놓으면 해당 링크가 열립니다.

tip iPadOS 15 업데이트 이후 추가된 아이패드의 빠른 메모를 사용하여 현재 보고 있는 사이트를 바로 링크 추가할 수 있습니다.

굿노트에서는 올가미 도구로 선택한 영역만 스크린샷 촬영을 할 수 있습니다. 페이지에서 이미지로 캡쳐하고 싶은 부분을 올가미 도구로 선택하고 해당 영역을 클릭하여 상단에 뜨는 메뉴에서 [스크린샷 촬영]을 선택합니다. 화면 전체가 아닌 페이지의 특정 부분만 이미지로 캡쳐하고 싶을 때 유용해요.

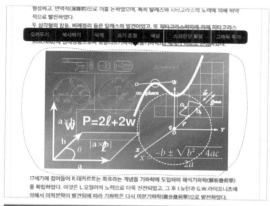

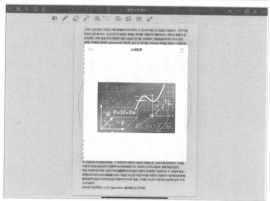

두 개의 굿노트를 스플릿 뷰로 열고, 강의 노트에서 다른 노트로 옮길 부분만 올가미 도구로 [스크린샷 촬영]을 합니다. 스크린샷 촬영된 이미지를 길게 눌러 다른 노트로 드래그합니다. 스크린샷 촬영된 부분이 다른 노트에 이미지로 삽입됩니다.

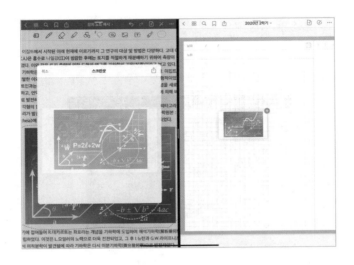

tip 스크린샷 촬영 기능은 페이지 내에 있는 색상을 이미지로 사용하거나 페이지 내 콘텐츠를 스티커로 사용할 때도 유용합니다.

tip 캡처한 이미지를 사용해 제목에 포인트를 주거나 다이어리의
캘린더 페이지에서 달력을 이미지로 가져와 스티커로 사용할
수 있어요.

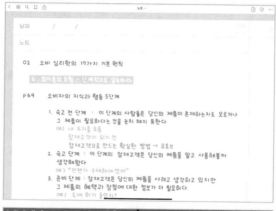

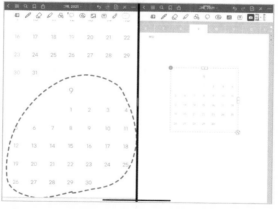

페이지를 이미지로 만들기

필기를 하다 보면 공간이 부족할 때가 있습니다. 이때 축소판에서 페이지를 다른 페이지로 드래그하여 페이지 전체를 이미지로 삽입할 수도 있어요. 빈 페이지에 이미지로 넣어 적당히 크기를 조절하면 측면에 필기를 할 수 있는 여유 공간도 생겨 필기하기에 좋습니다.

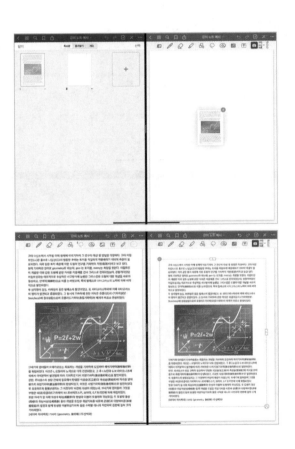

또는 페이지를 스티커처럼 만들어 표지로 꾸밀 수도 있어요. 노트 페이지 일부를 표지 이미지로 넣으면 표지만 보아도 어떤 노트인지 파악할 수 있어요.

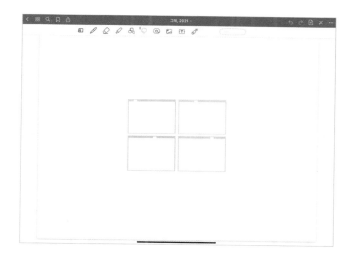

아이패드와 굿노트에서 드래그 앤 드롭으로 할 수 있는 것들은 무궁무진해요. '설마 이것도 되려나?' 해서 시도해보다가 우연하게 발견하게 된 경우가 많아요. 여러분도 아이패드를 사용할 때 호기심을 갖고 드래그 앤 드롭 기능을 다양한 곳에서 시도해보면 생각지도 못한 곳에서 엄청난 보물을 발견할 수 있을 거예요.

전자책을 6분 만에 굿노트로

일반적으로 책이라고 하면 종이에 인쇄된 책을 주로 떠올리지만, 요즘은 전자책을 읽는 사람들이 꽤 많아졌어요. 그러다 보니 책을 구매할 때 종이책이 아닌 전자책을 구매하기도 합니다. 게다가 아이패드를 이용하면 전자책으로 출간된 교재나 책은 10분 안에 메모 가능한 PDF 파일로 만들 수 있습니다.

전자책 뷰어에서도 메모나 하이라이터 기능을 지원하고 있지만, 손으로 필기할 수 없다는 점이 아무래도 공부를 하는 입장에서는 좀 아쉬웠어요. 전자책이지만 손으로 메모하면서 독서하고 싶거나 영어 단어장이나 문제 풀이집 등을 공부할 때, 아이패드의 굿노트를 사용하면 굉장히 편리하답니다.

전자책을 굿노트에 PDF로 가져오는 방법은 정말 간단해요. 도서 뷰어에서 화면을 스크린샷 한 다음, 굿노트에 이미지를 불러오면 돼요. 그런데 전자책 화면을 스크린샷 할 때 경고 메시지 창이 나타나기 때문에 저작권 문제가 없는지 걱정이 되죠.

그래서 전자책을 스크린샷 해서 필기 앱에서 사용이 가능한지를 제가 사용하고 있는 알라딘 뷰어 고객센터에 문의하였는데, 다른 사람에게 공유하는 것이 아니라 개인적으로 사용하는 경우에는 저작권 문제가 되지 않는다는 답변을 받아어요. 알라딘 전자책 뷰어를 사용한다면 책을 스크린샷 하여 개인적으로 사용할 수 있을 듯합니다. 해당 사용은 반드시 해당 고객센터에 직접 문의하여 사용 유무를 확인하길 바랍니다.

- **전자책 굿노트로 가져오기**

1 여러 장을 스크린샷 한 다음, 스크린샷 미리보기 이미지를 길게 누른 채로 굿노트를 열어 주세요.

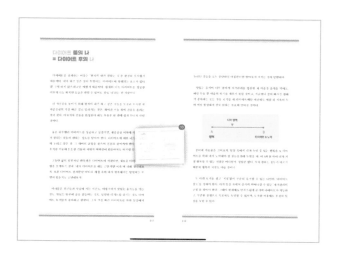

2 노트북을 하나 생성한 다음, 페이지 축소판으로 스크린샷 이미지를 드래그하고 [⊕]이 생기면 손을 놓습니다. 또는 사진 앱을 스플릿 뷰로 열어 스크린샷을 모두 선택하고 이미지를 드래그 앤 드롭하여 굿노트로 가져옵니다.

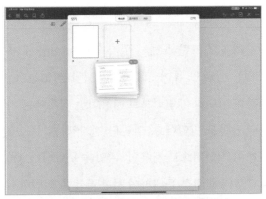

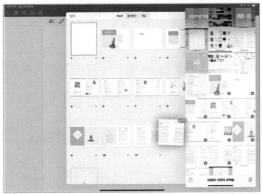

tip 저는 전자책을 굿노트 PDF로 가져와 독서도 하고 영어와 일본어 공부도 하고 있어요. 문제집이나 교재는 문제를 풀더라도 이전에 풀었던 흔적을 전혀 남기지 않고 깨끗해진 상태에서 다시 풀어볼 수 있어요. 또한 굿노트의 스크린샷 촬영 기능으로 오답 노트 작성까지 쉽게 할 수 있어요.

• 개요 추가하기

아이패드에서 책을 볼 때 장점도 많지만 불편한 부분도 있어요. 종이책처럼 편하게 내용을 찾는 것이 쉽지 않아요. 그래서 책의 목차를 굿노트 페이지 개요에 추가해두면 책 내용을 한눈에 파악할 수 있고, 페이지 간 이동도 쉬워져요.

개요를 추가할 페이지에서 오른쪽 상단의 [⋯] - [개요에 이 페이지 추가]를 선택합니다. 화면 왼쪽 상단의 [▦]를 눌러 페이지 축소판이나 개요 탭에서 추가한 개요를 볼 수 있어요.

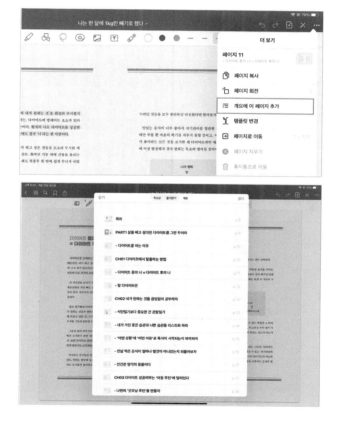

스플릿 뷰를 이용하면 교재를 동시에 두 개의 창으로 띄워 공부를 할 수도 있고, 중요한 페이지는 즐겨찾기를 해두면 나중에 즐겨찾기한 페이지만 모아서 볼 수도 있어요.

• 표지 이미지를 문서 첫 페이지로 가져오기

도서 사이트에서 책을 검색해서 표지 이미지를 가장 첫 번째 위치로 드래그 앤 드롭하여 가져옵니다.

단어
암기 카드 만들기

영어 단어 테스트를 위해 단어 암기 카드를 만들어 영단어를 하나하나 적어가며 공부를 했던 기억이 누구나 한 번쯤 있을 거예요. 단어 학습 카드는 암기 과목에서 개념, 용어 등을 외울 때 유용한 학습 방법으로 많이 알려져 있어요. 하지만 암기 카드는 처음 제작할 때 시간이 오래 걸리기도 하고, 문제에 대한 난이도 평가나 구분이 쉽지 않아요.

굿노트에서 종이 암기 카드에서 아쉬웠던 부분들을 보완하면서 유용하게 활용할 수 있는 기능이 있습니다. 바로 굿노트의 학습 플래시 카드입니다. 굿노트의 플래시 카드 기능을 사용해서 단어장을 쉽고 간편하게 만들 수 있을 뿐만 아니라 난이도에 따른 복습 주기를 계산해서 학습할 수 있도록 도와주어 여러 모로 편리한 기능입니다.

• 과학적이고 체계적인 알고리즘

에빙 하우스의 망각 곡선을 들어본 적 있나요? 망각 곡선(forgetting curve)은 시간이 지남에 따라 기억이 남아 있는 감소의 정도를 말하는 가설인데요. 망각 곡선 가설에 의하면 망각은 처음 급속하게 진행되어, 1시간이 지나면 50% 이상을 망각한다고 합니다. 하지만 망각 곡선의 기울기는 복습이 진행될수록 점점 완만해지며, 이에 따라 복습 주기도 점점 길어지게 돼요. 자료를 더 많이 복습할수록 시간이 지남에 따라 더 오래 기억할 수 있게 되는 것이죠.

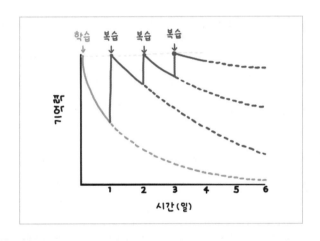

굿노트의 플래시 카드는 망각 곡선에 기반을 두어 학습과 학습 사이에 일정한 기간을 두고 반복할 수 있도록 만들어졌습니다. 굿노트의 디지털 플래시 카드를 사용하면 보다 지능적인 방식으로 복습할 수 있어요.

예를 들어 굿노트에서 플래시 카드를 만들고 테스트를 진행할 때 카드마다 난이도를 체크할 수 있는데, 다음 학습을 할 때 체크한 난이도 수준에 맞춰서 플래시 카드에 나타나는 순서가 바뀌어 적용돼요. 어렵다고 표시한 플래시 카드가 재학습할 때 더 자주 표시되는 것이죠. 이러한 방식으로 굿노트의 플래시 카드는 기억력 보존에 가장 적합한 순서로 표시하여 과학적이고 체계적인 방법으로 정보를 보다 오래 기억할 수 있게 도와줍니다.

플래시 카드가 끝나서 다시 리뷰하면 좋은 날짜까지 추천해주기도 해요. 스스로 복습할 날짜를 정하거나 학습의 반복 빈도를 정하지 않아도 굿노트 알고리즘이 알아서 해주기 때문에 종이 단어 암기보다 체계적이고 과학적으로 느껴집니다.

• 이미지나 그래프를 쉽게 삽입

사진으로 시각화된 자료는 더 잘 외워지는 편입니다. 플래시 카드에 이미지를 삽입하여 공부할 수 있습니다. 그래서 스스로 테스트 해보고 싶은 것을 보다 정확하게 만들 수 있습니다. 특히 시험 범위에 그래프나 이미지 등이 많을 때 유용합니다.

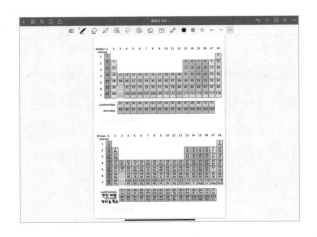

플래시 카드를 만들기 위해 필요한 이미지 자료를 찾는 것은 어렵지 않아요. 예를 들어 원소 주기율표에 대한 이미지가 필요하다면 구글이나 네이버 등 포털 사이트에서 '원소 주기율표'라고 검색하여 찾은 이미지를 굿노트로 가져올 수 있어요.

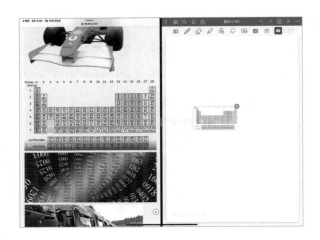

강의 노트에 있는 이미지를 올가미 도구의 스크린샷 촬영으로 그때 그때 필요한 이미지를 선택하여 플래시 카드로 가져올 수도 있어요.

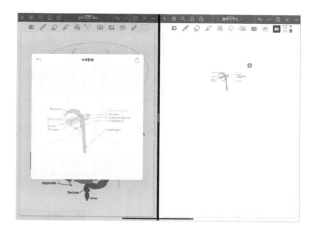

플래시 카드는 빈칸을 만들어서 공부하기에도 좋습니다. 빈칸을 만들어서 공부에 활용하기도 쉽습니다. 특히 암기 과목을 공부할 때는 빈칸을 만들어서 공부하면 확실한 도움을 받을 수 있습니다.

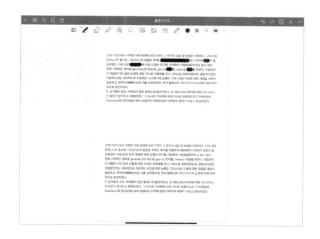

• 플래시 카드로 공동 작업하기

　문서의 링크를 친구에게 보내 플래시 카드를 공유할 수 있어요. 굿노트의 공동 작업 기능을 사용하면 됩니다. 종이에 작성한 단어 암기장을 친구와 공유해서 볼 때는 친구가 보고 있는 동안은 사용할 수 없지만, 디지털 플래시 카드를 공유하면 친구가 보고 있는 동안에도 각자의 아이패드에서 동일한 플래시 카드로 학습할 수 있어요. 또한 공유한 플래시 카드는 친구와 함께 제작할 수 있어 보다 다양한 학습 자료를 만들어 갈 수 있다는 장점이 있어요. 플래시 카드를 공동 작업할 수 있는 방법은 다시 설명하겠습니다.

• 아이폰으로
　디지털 플래시 카드를 공부하기

　굿노트를 아이폰에 설치해두면 아이패드에서 작성한 노트를 아이폰으로도 볼 수 있어요. 아이클라우드 동기화가 설정되어 있다면 플래시 카드(다른 모든 노트와 함께)가 모든 기기에 동기화되어 언제 어디서든 쉽게 공부할 수 있어요.

플래시 카드는 사용할 수 있는 템플릿 종류가 정해져 있으며 굿노트에서 제공하는 기본 템플릿을 사용합니다. 그래서 노트북을 생성할 때 몇 가지 설정을 먼저 합니다.

1 종이 크기는 [GoodNotes 기본] 또는 [A7(iPhone)]을 선택하고, 용지 방향은 [세로]를 선택해야만 필수 카테고리에서 플래시 카드 템플릿을 찾을 수 있어요. 색상은 노란색, 흰색, 검정색 세 가지 중에서 선택할 수 있습니다.

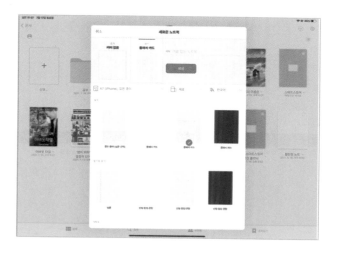

2 플래시 카드 템플릿은 페이지의 상단 절반에 질문(Question)을 쓰고, 아래쪽 절반에는 답(Answer)을 쓰도록 되어 있어요. 더 많은 플래시 카드 노트가 필요하다면 왼쪽으로 스와이프하여 페이지를 추가하면 됩니다. 또는 오른쪽 상단의 [페이지 추가]를 눌러서 플래시 카드 속지를 추가할 수 있어요.

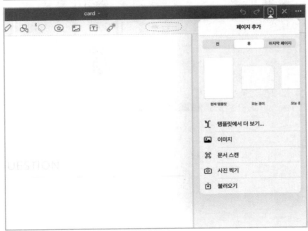

3 오른쪽 상단의 [⋯]에서 [학습 플래시 카드]를 누르면 테스트를 시작
 할 수 있습니다.

테스트를 실행하면 각 플래시 카드에 대한 질문이 먼저 표시되고,
화면을 터치하면 해당 카드에 대한 답이 표시됩니다. 답이 표시되면 답
을 얼마나 쉽게 기억할 수 있었는지에 따라 질문의 난이도를 평가할
수 있어요. 질문에 대한 난이도 평가는 플래시 카드를 재학습할 때 각
카드가 표시되는 최상의 순서를 결정하는 데에 대한 피드백으로 사용
된다고 합니다. 재학습할 때는 플래시 카드의 순서가 랜덤하게 나오는
데, 어렵다고 답한 플래시 카드가 더 자주 표시됩니다.

테스트가 모두 진행되었다면 전체 테스트 중에서 어려워하는 질문과 쉬운 질문을 한눈에 파악할 수 있도록 그래프를 보여줍니다. 나중에 언제 다시 공부하는 것이 좋을지를 추천해주기도 합니다.

난이도 평가 등 학습 진행 상황을 초기화하고 싶다면, 결과 창에서 오른쪽 상단의 [≡]를 터치합니다. 그런 다음 [학습 진행사항 초기화]

를 선택합니다.

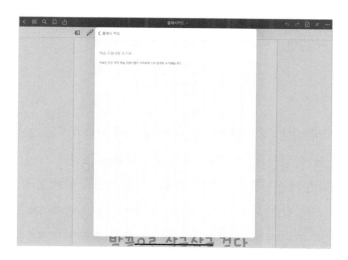

공동
작업하기

굿노트의 상단 도구 모음에서 [공유 및 보내기]를 누르면, 공동 작업 항목을 볼 수 있어요. 굿노트에서 말하는 공동 작업이란, 다른 굿노트 사용자와 문서를 공유하는 것을 말해요. 공동 작업을 위한 링크 공유를 하면, 문서의 링크를 가진 모든 참여자는 실시간으로 업데이트 되는 최신 버전의 문서를 볼 수 있습니다. 페이지에서 편집을 완료하자 마자 다른 사용자가 변경한 내용을 확인할 수 있을 정도로 동기화가 빠르다고 합니다. 디지털 노트 앱을 사용하는 또 다른 장점이라고 생각해요.

막상 공동 작업을 사용해보려고 해도 어떤 것들을 할 수 있는지 감이 잡히지 않죠. 그래서 공동 작업을 어떻게 활용하면 좋은지 알아봅시다.

• 강의 노트 및 강의 슬라이드 공유

선생님과 학생이 모두 아이패드를 사용한다면, 선생님과 학생이 함께 같은 강의 노트를 보면서 수업을 할 수 있어요. 모두 아이패드를 사용해야만 가능하기 때문에 성인들을 대상으로 한 강의나 1:1 과외를 할 때 활용하면 좋습니다. 특히 줌을 이용한 온라인 강의를 할 때 숙제나 과제 검사에 공동 작업을 사용하면 바로 피드백 할 수 있어 편리합니다.

• 함께 공부하기

공동 작업을 하면 친구와 문서를 공유할 수 있어요. 강의를 놓친 친구에게 수업 노트를 쉽게 공유할 수 있으며, 반대로 내가 놓친 강의의 필기 노트를 공유 받을 수 있습니다. 그뿐만 아니라 영어 단어 외우기와 시험공부에 활용하기 좋은 플래시 카드를 친구와 공유할 수도 있답니다. 친구나 지인에게 논문이나 자료를 검토해 달라고 부탁하기도 편해요.

• 일정 및 계획 공유

어린 시절 친한 친구와 자물쇠가 달린 교환 일기를 주고받았던 추억을 고스란히 담은, 형태는 조금 다른 굿노트의 공동 작업을 통해 친구와 다이어리를 함께 작성할 수도 있어요. 또 친구와의 여행을 계획하고 있다면 공동 작업으로 여행의 아이디어를 공유할 수도 있습니다. 프로젝트를 진행하고 있는 팀원과 일정을 공유할 때도 공동 작업을 사용하면 편리합니다.

• 프로젝트 브레인스토밍

프로젝트를 함께 하거나 친구들과 아이디어를 공유하고자 할 때 굿노트를 브레인스토밍 할 수 있는 캔버스로 사용할 수 있어요. 하나의 노트북을 나와 팀을 위한 공유 파일 캐비닛으로 만들어 아이디어를 공유하면 빠른 확인과 피드백이 가능합니다.

공동 작업 실행하기

공동 작업을 통해 할 수 있는 것들을 알아보았어요. 그렇다면 공동 작업을 실행하는 방법을 알아봅시다.

• 공동 작업 링크 공유하기

다른 굿노트 사용자와 문서를 공유하려면, 굿노트 문서에서 왼쪽 상단에 있는 [공유 및 보내기]를 누르고 [공유]에서 [링크 공유]를 활성화합니다. 활성화 하면 다른 사람에게 보낼 수 있는 링크가 생성돼요. 이

때 [링크 보내기]를 선택하여 에어드롭(AirDrop)이나 메일, 메신저 등을 통해 상대방에게 링크를 전송합니다.

　다른 굿노트 사용자가 굿노트가 설치된 아이패드나 아이폰 등에서 전송된 링크를 열면 공유 문서가 자동으로 굿노트 라이브러리에 다운로드가 되고 동일한 문서를 함께 작업할 수 있어요. 문서 링크를 가진 모든 사용자가 굿노트로 해당 공유 문서를 열고 편집할 수 있게 됩니다.

tip
· 공유 문서의 링크가 있는 모든 사용자는 굿노트에서 문서를 열고 편집할 수 있기 때문에 가능한 신뢰할 수 있는 사용자에게 링크를 공유하고, 중요한 정보는 포함하지 않는 것이 좋아요.
· 문서 공유가 되지 않는다면 굿노트의 버전이 5.5 버전 이상 설치된 iOS 장치인지 확인해 보세요.

• 접근 비활성화 및 관리

링크를 처음 공유한 문서의 소유자는 언제든지 링크 공유를 비활성화 할 수 있어요. 링크 공유를 비활성화 하면, 이미 공유를 수락한 모든 참가자가 해당 문서에 더 이상 접근할 수 없게 됩니다. 링크 공유를 비활성화 하는 방법은 간단해요. 활성화 되어 있는 링크 공유를 끄면 됩니다.

링크 공유는 언제든지 다시 활성화 할 수 있으며 동일한 URL을 통해 상대방이 문서를 열어 볼 수 있어요. 하지만 문서 소유자가 링크 공유를 비활성화 하면 모든 참가자의 기기에서 자동으로 문서가 삭제되기 때문에 이전에 이미 공유 문서를 다운받은 사용자도 문서를 다시 다운로드 받아야 합니다.

아이패드로 비대면 시험 공부하기

팬데믹으로 대면이 힘든 요즘, 대학에서는 비대면 시험을 치르는 곳이 많아졌어요. 저도 코로나가 확산되기 시작할 때 대학생이어서 두 학기 동안 온라인 비대면 시험을 치렀어요.

온라인 비대면 시험을 치렀던 두 학기 모두 스스로 만족할 만한 성적을 받았어요. 학과마다 공부하는 방법은 다르겠지만, 비대면 시험을 대비해 아이패드로 공부했던 저의 방법을 공유합니다.

• 대면 시험 vs 비대면 시험

대면 시험과 비대면 시험에는 큰 차이점이 있어요. 특히 비대면 시험을 치를 때는 커닝 등의 부정행위를 막을 수 없습니다. 그래서인지 제가 시험을 치는 과목은 오픈북 시험이었어요. 친구와 답을 공유하는 것만 부정행위이고 자신이 정리한 노트나 교재 등을 보고 시험문제를 푸는 것은 뭐든 허용이 되었습니다.

오픈북 시험이다 보니 대면 시험 때보단, 시험 시간이 충분하지 않았습니다. 서술형인 경우 많게는 2시간까지도 시간이 할애되었는데, 비대면 시험은 40분~1시간 정도만 주어졌습니다. 그래서 비대면 시험을 칠 때 무엇보다 시간 배분이 굉장히 중요해요.

저는 굿노트로 필기한 것을 보면서 시험을 쳤어요. 문제 수에 비해 시험 시간이 정말 빡빡했지만 굿노트의 검색과 같은 여러 가지 기능을 잘 활용한 덕분에 좋은 성적을 받을 수 있었던 것 같아요.

• 시험 유형 별 공부법
시험 유형은 강의 개요에서나 시험 몇 주 전, 보통 공지를 통해 알게 됩니다. 객관식, 서술식, 문제풀이인지 혹은 책에 있는 문제 그대로인지, 책에 있는 문제 변형인지 등 이렇게 시험 출제 방식에 따라서 과목마다 공부에 투자하는 시간을 효율적으로 조절하는 것도 중요합니다. 항상 공부 시간은 부족하고 공부할 과목은 많기 때문이죠. 여러 과목의 시험을 볼 때는 공부에 투자하는 시간을 잘 배분하는 것이 중요합니다. 비대면 시험에서 시험 유형에 따라 아이패드로 어떻게 공부하면 좋을지 알아봅시다.

객관식일 경우
비대면 시험에서는 오픈북이기 때문에 객관식으로 출제된다고 하면 '럭키'이긴 해도 긴장해야 하는 부분도 있어요. 나에게 쉬운 것은 남에게도 쉬울 테니까요. 비대면 시험에서 객관식을 낸다는 건 문제 수는 많고, 풀이 시간은 부족하다는 말과 똑같은 것 같아요. 여기서 변별력을 가르는 거죠. 실제로 비대면 시험을 쳤을 때, 시간에 쫓기듯이 문제를 풀었음에도 불구하고 다시 확인해 볼 시간도 없이 모든 문제를 다풀자마자 시험 시간이 딱 종료되었어요.

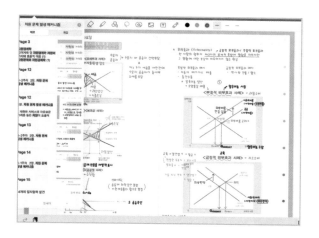

시험 범위도 넓은 비대면 객관식 시험에서는 배운 내용을 모두 암기하기엔 한계가 있어서 교재의 어느 부분에 어떤 내용이 있는지를 얼마나 정확하게 알고 있는지가 관건이라고 할 수 있어요. 하지만 이것 또한 외우고 있기 쉽지 않죠.

아이패드로 공부를 하면 굿노트 내 문서 검색 기능으로 빠르게 필기, PDF 글자, 텍스트 모두 검색할 수 있어 조금 더 유리한 위치에서 시험을 치를 수 있어요. 시험을 칠 때, 아이패드를 옆에 놔두고 시험 문제의 키워드를 검색해 해당 필기를 확인하면 인쇄한 종이를 뒤져가며 찾을 때보다 빠르게 찾을 수 있어요.

서술형일 경우

서술형 문제라면 확실하게 개념을 이해하는 것이 중요합니다. 이해를 돕기 위해 교재를 꼼꼼하게 읽어 보는 것도 좋아요. 개념을 잘 이해하고 있는지 확인하기 위해서 스스로 빈칸을 만들어 공부하는 것도 효과적입니다.

저는 아이패드로 공부하기 전부터 이 방법으로 공부했지만 아이패드를 사용하니 빈칸을 만드는 것이 더 쉬웠어요. 빈칸 채우기 방법으로 공부할 때는 굿노트 플래시 카드 기능을 활용해도 좋아요.

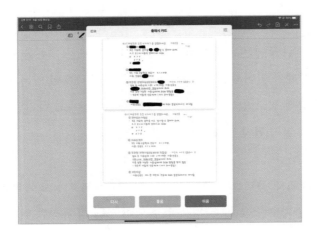

공부를 하다보면 교수님이 수업에서 여러 번 강조했던 내용이나 '아, 이런 문제가 출제되겠다' 하는 내용들이 있을 거예요. 이때 예상문제를 만들어 놓으면 좋아요. 저는 필기하다가 떠오르는 게 있으면 빨간색상으로 예상 문제를 따로 적어 놓아요. 공부하면서 시험에 출제될 것

같은 부분은 스스로 문제를 만들어 보는 거죠.

그리고 예상 문제들을 모아 답안을 하나하나씩 작성해봅니다. 만약에 비대면 서술형 시험에서 예상했던 문제가 그대로 출제된다면, 미리 적어둔 답안을 보며 그대로 적고, 다시 읽으며 한 번 더 검토하면서 내용을 추가할 수 있는 여유까지 생길 거예요.

문제풀이일 경우

시험 유형이 문제풀이일 경우는 조금 더 까다로워요. 저는 시험에서 수식을 이용하는 문제가 많았어요.

비대면 시험은 기말고사만 한 번 치르는 경우가 많아 시험 범위가 거의 책 한 권인 수준이었어요. 그러다 보니 외워야 할 수식이 너무 많았지만, 아이패드로 효율적으로 공부했어요. 해당 과목에서 배운 수식,

들을 노트 한 권에 정리해놓고, 수식에 대한 키워드를 수식 위에 적어
놓았어요.

수식을 잘 정리해놓은 덕분에 시험 칠 때 해당 문제의 키워드를 보
고 필요한 수식을 빠르게 검색해 찾아 문제를 풀 수 있었어요. 물론 수
식을 사용해 문제를 풀기 위해서는 그 전에 개념 이해를 하는 것도 중
요합니다.

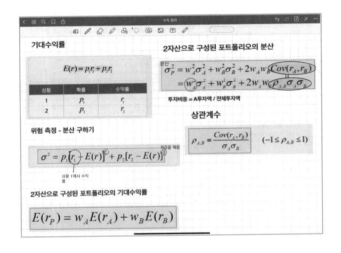

다양한 디지털 스티커 사용하기

풍족한 디지털 스티커

저는 아이패드로 디지털 다이어리를 작성하기 전에도, 아기자기하게 다이어리 꾸미는 것을 좋아했고 관심이 많았어요. 그런데 손그림에는 자신이 없어서 다이어리를 꾸밀 때 주로 스티커를 활용했어요. 스티커의 세계를 알면 알수록 종류가 다양하고 예쁜 스티커도 많아요. 그러다보니 보관할 공간이 점점 부족해지고 주머니 사정도 힘들어졌죠.

그러다 아이패드로 디지털 다이어리를 작성할 수 있다는 것을 알게 되었습니다. 인터넷에서 발견한 모든 이미지는 스티커로 사용할 수 있다는 점이 정말 매력적이었어요. 인터넷에서 좋아하는 취향의 스티커를 쉽게 얻을 수 있었죠.

스티커를 직접 만들어 사용할 수도 있어요. 아이패드의 기본 앱인 키노트를 사용해서 간단한 메모지 스티커를 만들 수 있고, 손재주가 있다면 프로크리에이트와 같은 드로잉 앱으로 그림을 그려 스티커로 만들 수 있어요. 실제로 저는 키노트로 여러 가지 스티커를 만들어서 사용하고 있어요.

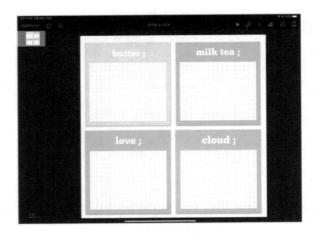

그 덕분에 디지털 플래너나 강의 노트를 예쁘게 꾸밀 스티커가 부족할 일이 없어요. 언제든지 필요한 사진과 다이어그램, 스티커를 쉽게 추가할 수 있다는 것은 디지털 다이어리와 노트의 장점이에요.

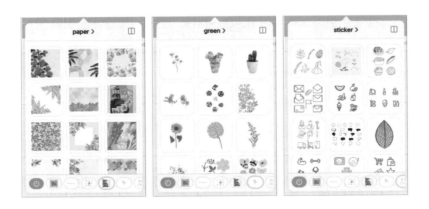

굿노트에서 디지털 스티커를 관리하는 방법

인터넷에 찾은 이미지나 직접 만든 스티커는 어떻게 보관하면 좋을까요? 바로 굿노트의 요소 도구에 보관할 수 있어요. 요소 도구는 모든 이미지, 필기 및 텍스트 등을 저장해놓고 다시 사용할 수 있는 일종의 서랍장 같은 역할을 하는 스티커 관리 도구예요. 요소는 굿노트 도구의 필기, 하이라이터, 도형, 이미지, 텍스트 상자로 만들 수 있어요.

모든 요소는 컬렉션에 추가할 수 있는데, 컬렉션은 문서의 폴더와 비슷한 역할을 해요. 유사한 그래픽끼리 그룹으로 묶어 저장할 수 있어요. 그래픽 추가를 할 때 컬렉션을 구분해 놓으면 요소를 쉽게 찾을 수 있어요. 굿노트에서는 스티커 메모, 마인드 맵 도형 등 몇 가지 기본 컬렉션을 제공하고 있어요.

요소 도구의 좋은 점

필요한 스티커는 모두 요소 도구에 저장하면 되기 때문에 스티커를 보관할 장소를 고민할 필요가 없어졌어요. 이 도구는 굿노트 5 앱 초기부터 있던 기능은 아니어서 보통 스티커를 보관할 때 따로 스티커북 노트를 만들어서 사용하는 사람들이 많았어요. 그래서 스티커를 사용하려면 스티커를 저장해둔 노트에서 복사와 붙여넣기를 하거나 이미지가 저장된 곳에서 따로 가져와야 했어요.

요소 도구가 생긴 덕분에 스티커북에서 다른 노트북으로 복사와 붙여넣기 하거나 매번 동일한 그림을 다시 그리지 않아도 됩니다. 포스트잇, 도형, 꾸미기용 스티커 등 자주 사용하는 것들을 미리 저장해놓고 여러 노트에서 필요할 때 언제든지 사용할 수 있게 되었어요. 동일한 스티커를 반복해서 복사와 붙여넣기를 할 필요가 없기 때문에, 시간을 절약할 수 있고 모든 요소나 스티커를 한곳에 정리해둘 수 있어요.

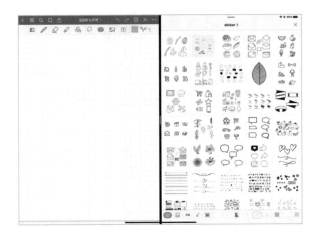

요소 도구는 다이어리 꾸미기를 할 때 필요한 스티커를 보관하기에도 좋지만, 공부할 때 필요한 그림을 저장하는 등 다른 방법으로도 활용할 수 있어요.

• 모든 스티커를 저장

앞에서도 이야기했듯이 스티커 보관함으로 사용할 수 있어요. 스티커나 캘리그라피로 다이어리와 노트 꾸미는 것을 좋아한다면 요소 도구를 활용하면 좋습니다. 별도의 스티커북에서 복사와 붙여넣기를 하는 대신 요소 도구를 열어 저장한 모든 스티커를 볼 수 있고 원하는 대로 쉽게 추가할 수 있어요.

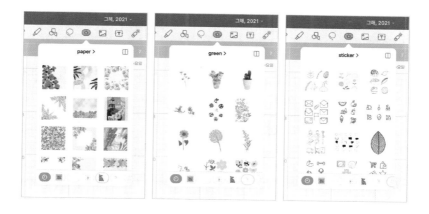

• 공부에 필요한 이미지 저장

공부를 하다보면 사진이나 그래프 등의 이미지 자료가 필요할 때가 있어요. 그때마다 매번 찾기에는 귀찮고 번거롭잖아요. 그래서 자주 사용하는 이미지를 요소 도구에 저장한 다음 다시 필요할 때마다 요소 도구에서 꺼내 사용하면 굉장히 편리합니다. 수식이나 방정식 등도 저장해두고 사용할 수 있어요.

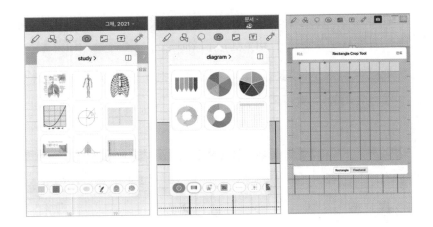

• 표나 다이어그램 저장

표로 정리해야 할 때 매번 새로 표를 그리는 것은 번거로울 수 있어요. 10×10나 5×5 등의 표를 만들어 요소 도구에 저장해놓고, 표 이미지가 필요할 때마다 굿노트의 이미지 자르기 기능으로 원하는 칸 수만큼 잘라서 사용하면 편리합니다. 구조나 과정 등을 그림으로 표시한 다이어그램도 요소로 저장해서 필요할 때마다 삽입하여 사용할 수 있어요.

요소 도구 관리하기

1 요소로 추가할 콘텐츠를 올가미 도구로 선택하고, 선택한 영역을 터치
하여 [그래픽 추가]를 선택합니다.

2 기존 컬렉션을 선택해서 요소를 추가하거나 [새로운 컬렉션..]을 터치
하여 이름을 설정하고 [생성]을 누르면 그래픽이 추가됩니다.

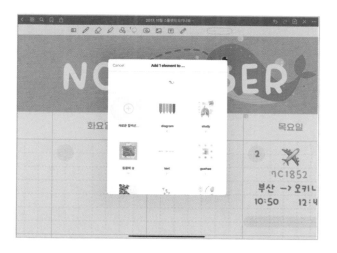

굿노트의 도구를 이용해서 만든 것을 요소로 저장하면 필기, 텍스트 상자, 이미지 등의 형식이 그대로 유지됩니다. 즉 페이지에 같은 요소를 다시 추가해도 편집할 수 있어요. 필기의 경우 색상 변경이 가능하고, 텍스트 상자는 텍스트 수정이 가능하며, 이미지는 자르기나 크기 조절 등이 가능해요.

요소를 페이지에 삽입하는 방법에는 두 가지가 있어요. 스티커를 원하는 위치에 삽입하거나 페이지의 중앙에 삽입할 수 있어요.

요소 도구를 두 번 클릭해서 열리는 요소를 선택하면 페이지 중앙에 삽입됩니다. 그래서 요소 도구를 선택하고 페이지에서 원하는 위치를 터치한 다음 요소를 선택하면 해당 위치에 삽입됩니다.

스티커나 그래프 등을 모아둔 요소 도구도 필요에 따라 자료를 편집하고 정리할 수 있어요. 요소 도구를 두 번 터치하여 편집하거나 삭제할 컬렉션을 선택하고 상단 제목을 눌러 주세요. 바로 컬렉션 편집과 삭제를 할 수 있어요.

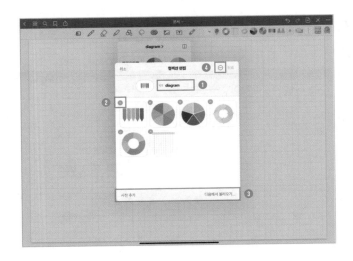

❶ **컬렉션 제목을 수정하기**　제목 입력란에서 변경할 수 있어요.

❷ **요소 삭제**　[➖]를 눌러 요소를 삭제할 수 있어요.

❸ **이미지 추가**　[사진 추가]나 [다음에서 불러오기...]를 클릭해 사진이나 파일 앱에서 이미지를 추가할 수 있어요.

❹ **전체 컬렉션 삭제**　오른쪽 상단의 [☺]를 눌러 컬렉션 전체를 삭제할 수 있어요.

요소 도구를 다른 창으로 분리해서 볼 수 있어요. 요소 도구를 두 번 터치하여 도구 창이 열리면 오른쪽 상단의 [⊞]을 눌러 주세요.

이렇게 스플릿 뷰로 요소 도구 창을 열면 요소를 드래그 앤 드롭하여 쉽게 노트로 가져올 수 있어요.

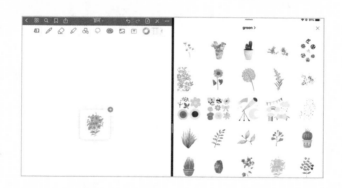

무료 이미지 사이트

- **PNG TREE** (https://pngtree.com)

다양한 영문 폰트를 무료로 다운로드 받을 수 있는 사이트입니다. 그 외
에도 수채화로 그림을 그린 듯한 스티커가 많이 있어요. 하루에 이미지
두 개를 무료로 다운로드 받을 수 있어요.

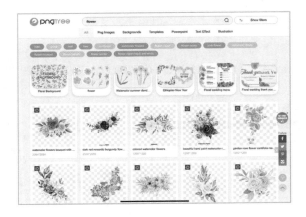

- **123emoji** (https://123emoji.com/ko)

캐릭터 스티커를 좋아한다면 추천하는 사이트예요. 사이트 하단에 [무료 이미지] - [더보기]를 클릭하면 다양한 캐릭터 스티커를 다운로드 받을 수 있어요.

- **flaticon** (https://www.flaticon.com)

Top icons와 Top stickers에서 원하는 스티커 팩을 골라 다운로드 받을 수 있어요. 오른쪽 [View all]을 클릭하면 더 많은 아이콘과 스티커를 볼 수 있어요.

- **Maxpixel** (https://www.maxpixel.net)

이 사이트는 검색할 때 필터에 투명 배경인 이미지만 검색이 가능해요. 상단 검색 필터 중 5번째 필터를 클릭해서 [Transparent(투명한)]에 체크를 하면 됩니다.

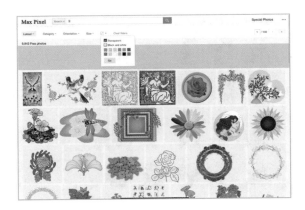

- **pixabay** (https://pixabay.com/ko)

스티커로 사용 가능한 예쁜 이미지가 많고, 상업적으로도 사용 가능한 이미지가 많아서 자주 방문하는 사이트예요. 이미지 검색할 때 오른쪽 검색 필터에서 '벡터 그래픽'을 선택하면 다양한 PNG 이미지들이 검색됩니다. 추천하는 검색어는 수채화, 스크랩북, 콜라주 등이 있어요.

- **svg silh** (https://svgsilh.com/ko)

모든 이미지가 CC0(크리에이티브 커먼즈 라이선스)로, 상업적으로도 무료 사용이 가능해요. 이미지는 모두 SVG나 PNG로 다운로드 받을 수 있습니다. 또한 상단에 있는 컬러 팔레트로 이미지 색상을 바꾸어 다운로드 받을 수 있어요.

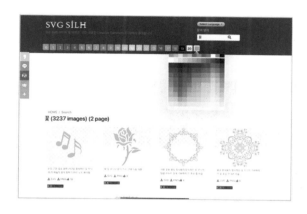

키노트로 투명 스티커 만들기

1 키노트를 열고 새 프레젠테이션을 생성한 다음 [+] - [사진 또는 비디오]에서 배경을 투명하게 만들 이미지를 불러옵니다.

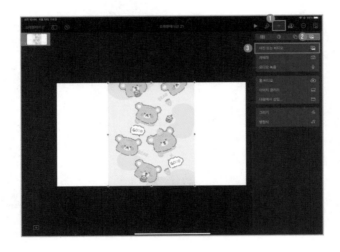

2 불러온 이미지를 선택한 채로 [■] - [이미지] - [인스턴트 알파]를 눌러 주세요. 슬라이드 아래에 [선택한 색상을 드래그하여 투명하게 만듭니다.]라는 문구가 나타나면 투명하게 만들 배경을 드래그합니다. 원하는 만큼 드래그하고 손을 놓으면 사진에서 파란 부분이 투명하게 바뀌어요.

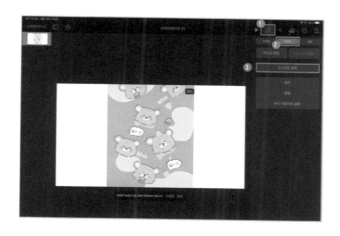

3 배경을 투명하게 만든 이미지를 복사하고 굿노트로 붙여넣기해서 스티커로 사용할 수 있어요. 굿노트의 이미지 자르기 기능으로 필요한 부분만 잘라서 사용할 수도 있겠죠?

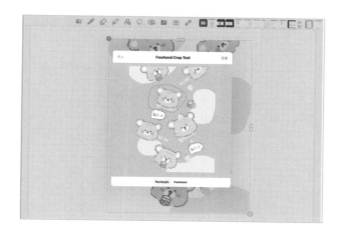

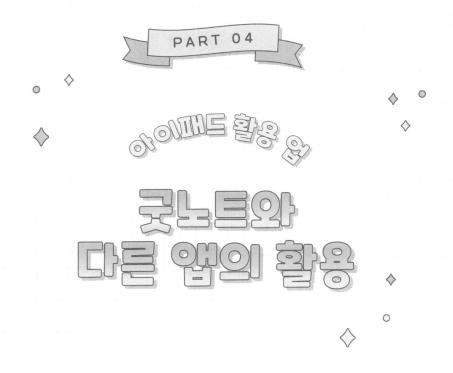

PART 04

아이패드 활용 업

굿노트와
다른 앱의 활용

뉴스 스크랩해서
바로 메모하기

아이패드를 사용하면 뉴스 기사 등 인터넷에서 수집한 자료를 따로 스크랩하여 파일을 보관하거나 스크랩한 자료에 바로 자신의 생각을 메모할 수 있습니다. 아이패드로 인터넷 자료를 스크랩하기 위한 다양한 방법이 있습니다.

웹 페이지 전체 스크린샷 찍기

아이패드의 화면 길이를 넘는 웹 페이지, 문서 또는 이메일에서 전체 페이지 스크린샷을 찍을 수 있어요. 전체 스크린샷을 PDF 파일로 저장됩니다. 웹 페이지를 스크린샷 하고 왼쪽 하단 모서리에 있는 미리 보기 이미지를 터치하면, 상단에 전체 페이지 탭을 볼 수 있어요. 클릭하면 현재 보고 있는 페이지의 스크롤 상단부터 하단까지 모두 캡처된 것을 볼 수 있습니다. 웹 페이지 전체 스크린샷에서 필요한 부분만 자른 다음, [공유 및 보내기]를 선택하고 [GoodNotes에서 열기]를 선택하면 굿노트로 가져올 수 있어요.

1 왼쪽 하단에 나타나는 스크린샷 미리보기를 클릭한 다음 상단의 전체 페이지 탭을 선택하세요. 왼쪽 상단 완료 버튼 옆에 []를 클릭합니다.

2 전체 페이지에서 필요한 부분만 자릅니다.

3 [공유 및 보내기]를 눌러 [GoodNotes에서 열기]를 선택합니다.

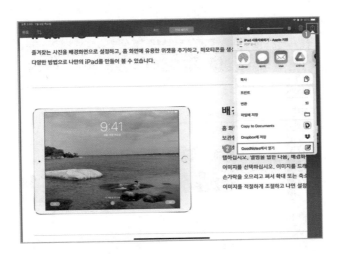

4 굿노트의 펜 도구를 사용하여 불러온 문서에 바로 메모를 남길 수 있습니다.

사파리의 읽기 도구 보기

사파리에는 읽기 도구 보기 기능이 있는데, 웹 페이지를 볼 때 내용에만 집중할 수 있도록 도와주는 기능이에요. 주소창 왼쪽의 [읽기 도구 보기]를 클릭하면 광고와 같은 불필요한 내용들이 모두 제거되어 쾌적한 환경에서 웹 페이지를 볼 수 있습니다. 읽기 도구 보기를 사용하면 콘텐츠 집중도가 달라져요.

• PDF로 불러오기

읽고 있는 기사를 읽기 도구 보기로 변환한 다음 굿노트로 공유하면 깨끗한 문서를 가져올 수 있습니다. 다만 읽기 도구 보기에서 바로 공유해서 굿노트로 불러오면 광고까지 함께 불러와져서 깨끗한 문서를 볼 수 없어서 몇 가지 설정이 필요합니다.

1 [공유 및 보내기]를 눌러 상단 페이지 이름 아래 [옵션>]을 클릭합니다. [PDF 읽기 도구]로 옵션을 변경한 다음 [뒤로] – [GoodNotes에서 열기]를 클릭합니다.

2 웹 페이지 길이에 따라 몇 페이지로 분리되어 PDF 파일로 불러와집
니다.

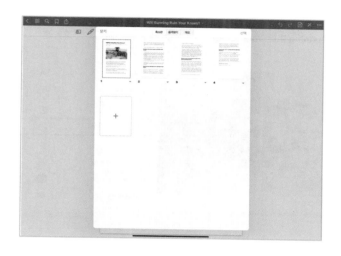

프린트 기능 사용하기

프린트 기능을 사용해서 PDF 문서를 만들 수도 있어요. 프린트 기
능을 사용해 PDF를 생성하는 방법을 알아두면 사파리뿐만 아니라
이메일이나 메모, 파워포인트 등에서도 활용할 수 있답니다. 프린트
버튼을 찾기만 하면 아이패드에서 무엇이든 PDF 문서로 만들 수 있
어요.

1 [공유 및 보내기]를 누르고 [프린트]를 클릭합니다.

2 [프린트 옵션]에서 페이지 미리보기 이미지가 뜨면 손가락을 사용해
이미지를 확대하는 제스처를 합니다.

3 PDF 파일 미리보기가 열리면 오른쪽 상단의 [공유 및 보내기]를 눌러
[GoodNotes에서 열기]를 선택합니다.

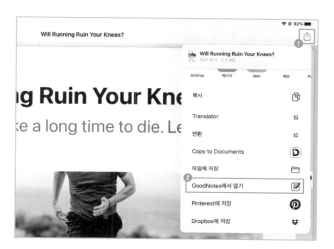

사파리 이렇게 사용해요

- **화면 상단 이동** 화면 상단을 두 번 터치하면 웹 페이지 상단으로 빠르게 돌아 갈 수 있어요.
- **마크업** [공유 및 보내기]를 누르고 [마크업]을 선택하면, 굿노트로 문서를 공유하지 않아도 바로 페이지에 메모를 시작할 수 있어요.

iPadOS 15 업데이트 이후 웹 페이지를 위에서 아래로 당기는 동작으로 페이지를 새로 고침할 수 있습니다.

영어 뉴스 바로 번역하기

때때로 발표 준비나 콘텐츠 제작을 위한 자료 수집 등으로 영어로 된 기사를 읽어야 할 때가 있습니다. 영어를 읽을 때 물 흐르듯이 번역이 가능하다면 좋겠지만, 그렇지 못하다면 답답한 마음이 들기도 합니다. 영어로 된 기사에서 빠르게 필요한 정보만 훑어보고 싶을 때는 사이트를 바로 번역해주는 앱을 사용하면 편리합니다.

Microsoft Translator 앱을 설치해두면 사파리에서 본 영어 페이지도 버튼 클릭 한 번으로 번역할 수 있어요. 영어로 된 기사나 블로그 등을 읽을 때 정말 유용합니다. 영어로 된 콘텐츠를 많이 접한다면 꼭 추천합니다.

1 앱스토어에서 'Microsoft Translator'를 검색하고 설치합니다.

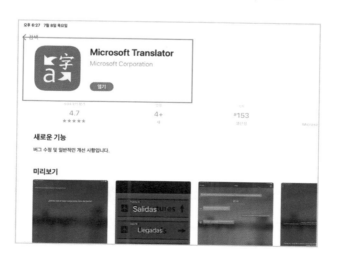

2 설치한 앱의 [설정]에서 [Safari 번역 언어] - [한국어(Korean)]로 변경해 주세요.

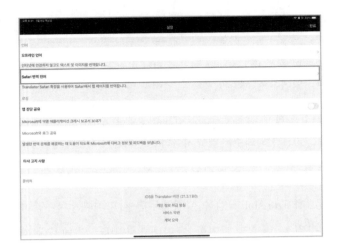

3 앱을 설치하고 설정까지 마친 후, 사파리에서 [공유 및 보내기]를 눌러보면 [Translator] 버튼이 생겨 있습니다. 이제 영어뿐만 아니라 모든 외국어 사이트에서 이 버튼 하나면 한국어로 번역됩니다.

4 번역된 문장을 클릭하면 원래 영어 문장을 볼 수 있어요.

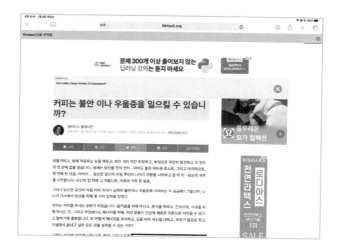

만다라트로 인생 계획표 만들기
Keynote

만다라트(MandaLaArt)는 '괴물 투수'라 불리는 세계적인 야구선수 오타니 쇼헤이가 성공 비결로 언급하면서 화제가 되었던 목표 달성 도구 중 하나예요. 정사각형을 9칸으로 나누어 중심 토픽 1개, 주요 토픽 8개, 하위 토픽 64개로 나누어 작성하는 방식이에요. 하나의 주제에 대한 하위 주제를 적어 아이디어를 확산하는 데 도움을 줍니다.

몸관리	영양제 먹기	FSQ 90kg	인스텝 개선	몸통 강화	축 흔들지 않기	각도를 만든다	위에서부터 공을 던진다	손목 강화
유연성	몸 만들기	RSQ 130kg	릴리즈 포인트 안정	제구	불안정 없애기	힘 모으기	구위	하반신 주도
스테미너	가동역	식사 저녁7순갈 아침3순갈	하체 강화	몸을 열지 않기	멘탈을 컨트롤	볼을 앞에서 릴리즈	회전수 증가	가동력
뚜렷한 목표와 목적	일희일비 하지 않기	머리는 차갑게 심장은 뜨겁게	몸 만들기	제구	구위	축을 돌리기	하체 강화	체중 증가
핀치에 강하게	멘탈	분위기에 휩쓸리지 않기	멘탈	8구단 드래프트 1순위	스피드 160km/h	몸통 강화	스피드 160km/h	어깨주변 강화
마음의 파도를 안만들기	승리에 대한 집념	동료를 배려하는 마음	인간성	운	변화구	가동력	라이너 캐치볼	피칭 늘리기
감성	사랑받는 사람	계획성	인사하기	쓰레기 줍기	부실 청소	카운트볼 늘리기	포크볼 완성	슬라이더 구위
배려	인간성	감사	물건을 소중히 쓰자	운	심판을 대하는 태도	늦게 낙차가 있는 커브	변화구	좌타자 결정구
예의	신뢰받는 사람	지속력	긍정적 사고	응원받는 사람	책읽기	직구와 같은 폼으로 던지기	스트라이크 볼을 던질 때 제구	거리를 상상하기

만다라트는 한 페이지에서 수많은 아이디어를 볼 수 있다는 장점이 있어요. 작성하는 방법 또한 매우 간단해서 아이디어를 구상하거나 문제 해결을 위한 방안을 고민할 때, 목표를 체계적으로 계획할 때 등 다양하게 활용할 수 있어요.

만다라트 작성법
❶ 중앙에 중심 토픽을 적어요.
❷ 중심 토픽 주변에 관련 키워드를 적어요.
❸ 8개 키워드를 주제로 이를 달성하기 위한 방법을 적어요.

만다라트 양식 하나만 만들어 놓으면, 언제든지 자신의 상황에 맞게 목표와 계획을 세울 수 있어요. 다음은 제가 만다라트를 활용해 작성한 2021년 하반기 계획 및 목표입니다.

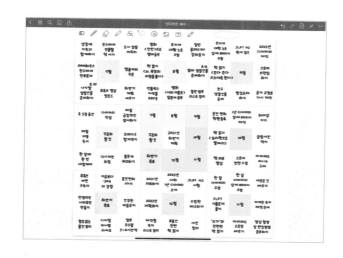

키노트로 만다라트 만들기

1 키노트를 열어 오른쪽 상단 [+]를 클릭해 새 슬라이드를 생성합니다. 슬라이드 크기를 정사각형으로 만들어 주세요. 오른쪽 상단에서 [⊙] - [문서 설정] - [슬라이드 크기] - [사각형]을 선택합니다. 이때 슬라이드의 크기는 1024pt×1024pt입니다.

2 오른쪽 상단의 [+]에서 [▦]를 눌러 원하는 스타일의 표를 선택합니다.

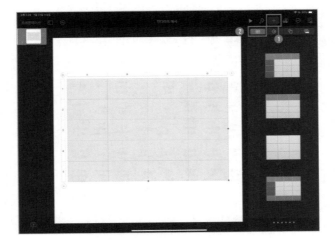

3 9×9칸이 되도록 표를 만듭니다. A, B, C, D 가로 줄의 오른쪽 파란색 두 줄 버튼과 1, 2, 3, 4, 5 세로 줄의 아래 파란색 두 줄 버튼을 눌러 각각 9칸으로 늘려 주세요.

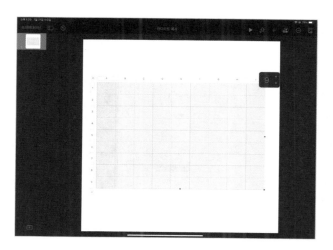

4 표를 슬라이드 크기와 동일하게 맞춰 줍니다. 표를 선택하고, 오른쪽 상단 도구에서 [🔲] - [정렬]에서 너비와 높이 값에 각각 1024pt를 입력합니다.

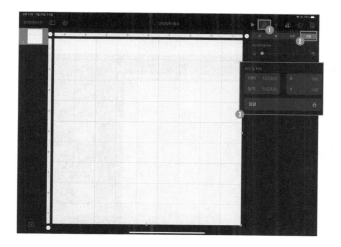

5 노란색 중앙 안내선에 맞춰 표를 슬라이드 정중앙에 맞춥니다. 노란색 안내선이 보이지 않는다면 오른쪽 상단의 [◉] - [안내선]을 선택하여 중앙 안내선을 활성화 시킵니다.

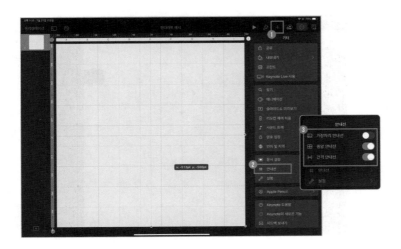

6 3×3칸이 잘 구분될 수 있도록 셀 테두리를 바꿉니다. 오른쪽 상단의 [◼] - [셀] - [셀 테두리]에서 선 유형, 색상, 너비 등을 조정하여 스타일을 변경할 수 있어요. 3×3칸씩 선택해서 [셀 테두리]는 내부 테두리만 선택하고 [선 유형]은 [점선]으로 설정합니다. 나머지 부분도 똑같이 설정해 주세요

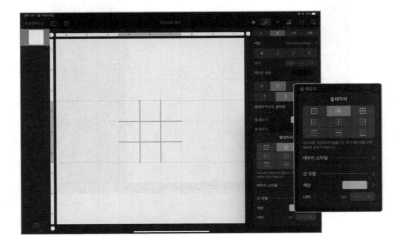

7 색상을 변경하고 싶은 칸을 선택하고 오른쪽 상단의 [🖌] - [셀] - [셀 채우기]에서 원하는 색상으로 바꿔주세요. 중심 토픽 아래 하위 토픽을 다른 색상으로 구분하면 내용을 한눈에 파악하기가 쉽습니다.

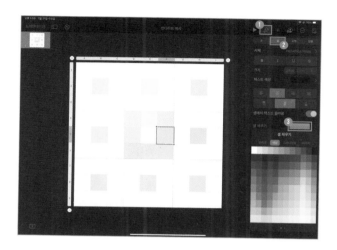

8 오른쪽 상단의 [⊙] - [내보내기]를 눌러 PDF나 이미지로 내보내기 합니다. PDF로 내보내기 하면 굿노트에서 바로 속지로 사용할 수 있어요.

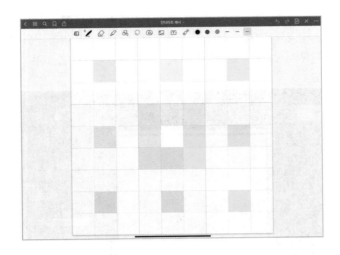

tip PDF 파일이 아닌 이미지로 내보내기를 하여 '그래픽 추가'를 해두면 필요할 때 요소 도구에서 꺼내 굿노트에서 스티커로 사용할 수 있어요. 만다라트 하나만 만들어 놓으면 굿노트 속지로도, 스티커로도 사용이 가능합니다.

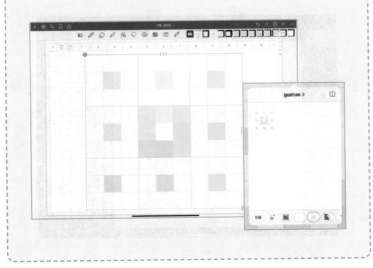

독서 리스트 만들기
Pages

세상에는 수만 권의 책이 있습니다. 하지만 수많은 책을 전부 읽기에는 우리의 시간은 한정되어 있어요. 그래서 좋은 책을 선택해 읽는 것이 중요합니다.

좋은 책은 어떻게 선택할 수 있을까요? 종종 주변 사람들에게 책을 추천받기도 하고, 읽고 있는 책에서 언급되는 책들도 있을 거예요. 이런 것들을 잊어버리기 전에 추천도서 리스트에 적어두면 다음 읽을 책을 고를 때 도서 리스트를 참고하여 책을 선택하면 되기에 선택의 고민이 줄어 들어요. 추천도서 리스트와 더불어 완독 리스트도 작성하면 독서 습관을 돌아보고 정비하는 데에 좋습니다.

독서 리스트를 만들면, 한 권씩 기록되는 책을 보면서 자신감이 생깁니다. 또 그 자신감으로 꾸준히 책을 읽을 수 있는 동력으로 작용합니다. 그뿐만 아니라 읽은 책의 장르를 한눈에 확인할 수 있기 때문에 편중해서 읽는 독서 습관을 고칠 수 있어요. 읽었던 책이 눈으로 확인이 되면 성취감이 생겨 독서가 더욱 즐거워집니다.

페이지로 독서 리스트 만들기

아이패드 기본 앱인 페이지(Pages)로 독서 리스트를 만들 수 있어요. 독서 리스트를 하나 만들어 놓으면 추천도서 리스트와 완독 리스트로 활용할 수 있어요. 아이패드로 작성하는 독서 리스트인 만큼 색다르게 만들어 봅시다.

보통 독서 리스트는 '장르', '책 제목', '지은이', '독서를 시작한 날짜', '독서를 끝낸 날짜'를 작성합니다. 아이패드에서는 인터넷 상의 이미지를 쉽게 가져올 수 있다는 점을 활용해서 일반적인 양식에 표지 이미지까지 넣을 수 있는 독서 리스트를 만들어 볼 거예요.

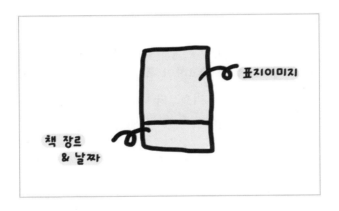

독서 리스트에는 표지 이미지를 넣을 수 있는 공간과 아래는 책 장르와 날짜를 적을 수 있는 공간을 만들 거예요. 칸을 여러 개 만들어 한 페이지에서 독서 리스트를 한눈에 볼 수 있도록 만듭니다.

구상
〈 Book list 〉

표지 이미지 삽입

책 장르, 날짜 삽입

• 독서 리스트 만들기

1 페이지 앱을 열고 템플릿을 선택합니다. 페이지의 방향은 취향대로
선택해주세요. 저는 가로 방향을 선호하기 때문에 가로 방향을 선택
했어요.

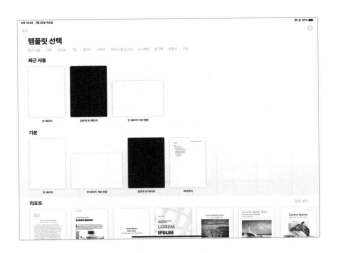

tip 아이패드에 기본적으로 설치되어 있는 페이지는 앱이 삭제되었
더라도 앱스토어에서 다시 설치할 수 있어요.

2 페이지를 생성하면 상하좌우 기본 여백이 설정되어 있어요. 설정을
   통해 여백을 없애거나 크기를 조정할 수 있어요. 여백 설정은 오른쪽
   상단 도구의 [⊙] - [문서 설정] - [추가 옵션]에서 변경할 수 있어요.

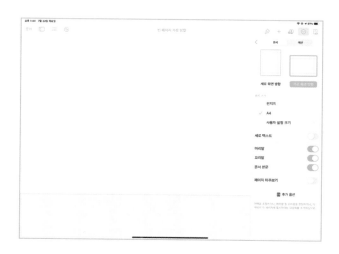

3 주황색 화살표를 움직여 여백을 늘리거나 줄일 수 있어요. 페이지 위
   아래를 보면 3칸으로 나뉜 상자가 보일 거예요. 머리말과 꼬리말을
   넣을 수 있는 자리인데, 각각 주황색 화살표를 움직여 제일 상단과 하
   단으로 맞춰 주세요. 화살표를 움직이면 cm가 표시되는데, 0cm에
   맞춥니다. 설정을 마쳤으면 [완료]를 눌러 주세요.

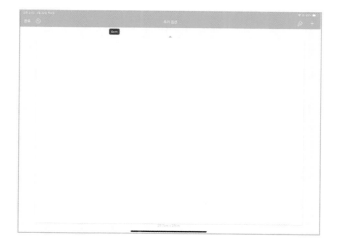

4 문서 설정에서 머리말과 꼬리말에 활성화 되어 있는 버튼을 모두 꺼주세요. 3에서 머리말과 꼬리말의 위치를 이동시키지 않고 바로 비활성화하면, 상하 여백 조정에 한계가 생겨 자유롭게 조정이 불가능해요.

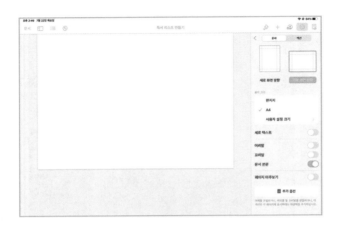

5 다시 추가 옵션에 들어가 여백 크기를 조절합니다. 여백은 취향대로 설정하세요. 저는 상하좌우 모두 균일하게 0.5cm로 맞추어 주었어요. 균등하게 맞추어 주면 나중에 문서 사이즈 계산할 때도 수월하고 보기에도 좋아요. 상단에 제목을 작성할 공간이 필요하다면 상단 여백만 더 여유 있게 만들어 주세요.

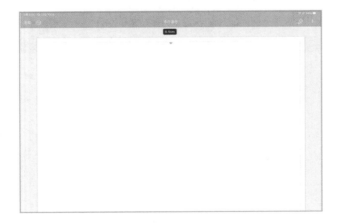

6 여백 설정을 마쳤으면 오른쪽 상단 도구의 [+] - [표]에서 원하는 표
   스타일을 선택합니다.

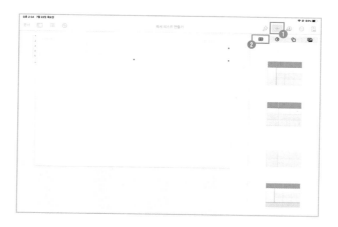

7 한 페이지에서 한눈에 보고 싶은 책의 수를 생각하며 행과 열을 각각
   몇 칸씩 만들 것인지 설정합니다. 저는 한 페이지에 30권씩 작성할 수
   있도록 만들려고 합니다. 표지 이미지를 넣는 공간과 책의 장르와 날
   짜를 작성할 수 있는 공간까지 고려하여 가로 10칸, 세로 6칸으로 설
   정합니다.

8 표지 이미지 크기가 천차만별이어서 정확하게 맞추기는 힘들 것 같아서 국내에서 많이 쓰는 대표적인 크기의 비율에 근접한 3:2에 맞춰서 표지 이미지가 들어갈 칸을 설정했어요. 표지를 넣을 칸의 높이는 3cm, 너비는 2cm로 설정하고, 책의 장르나 날짜를 적을 칸의 높이는 1cm, 너비는 2cm로 설정했습니다.

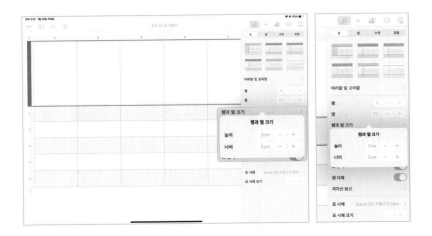

9 표의 행과 열 크기를 조정했으면, 페이지에 표가 꽉 차도록 문서 크기를 변경합니다. 오른쪽 상단 도구의 [☺] – [문서 설정] – [사용자 설정 크기]에서 문서의 너비와 높이를 설정합니다.

10 표의 크기에 맞는 문서를 설정하기 위해 표의 행과 열 크기와 여백 크기를 합하면 됩니다. 여백 설정을 할 때 상하좌우 각각 0.5cm 였기에 너비에 필요한 크기는 좌우 여백 1cm에 표 한 칸의 너비 2cm×10칸=20cm가 됩니다. 총 너비는 21cm입니다. 높이도 동일하게 계산하면 상하여백 1cm에 표지 이미지 넣을 칸의 높이 3cm×3칸=9cm, 책의 장르나 날짜를 적을 칸의 높이 1cm×3칸=3cm를 합한 13cm를 입력합니다.

11 페이지 배경을 여백으로 남겨두었는데, 이 부분에 색상을 채워 봅시다. 오른쪽 상단의 [⊙] - [문서 설정] - [섹션] - [배경]에서 원하는 색상을 선택하여 문서 배경 색상을 변경할 수 있어요.

12 배경 색상대신 이미지로 채울 수도 있어요. [배경] - [이미지]를 선택하고 사진이나 파일에서 원하는 이미지를 선택하면 됩니다. 가져온 이미지는 '원래 크기', '늘이기', '타일', '크기 조절하여 채우기', '크기에 맞게 조절'로 페이지를 어떤 방식으로 채울 것인지 설정할 수 있어요.

tip [배경] - [그라디언트]에서 배경 색상에 그라데이션을 넣을 수도 있어요. 무료 이미지 사이트에서 패턴, 텍스쳐 등을 검색하면 다양한 패턴 이미지들을 받을 수 있어요.

13 셀 색상이 현재 투명으로 되어 있어 배경과 구분이 쉽지 않아서, 표 전체를 선택하고 오른쪽 상단의 [✐] - [셀] - [셀 채우기]에서 원하는 색상으로 설정합니다.

14 독서 리스트를 완성했어요. 마지막 굿노트로 내보내기 작업만 하면 됩니다. 오른쪽 상단의 [⊙] - [내보내기] - [PDF]를 선택합니다.

15 [문서 배경]을 활성화로 설정하고 [내보내기]를 클릭합니다.

16 [GoodNotes로 내보내기]를 합니다.

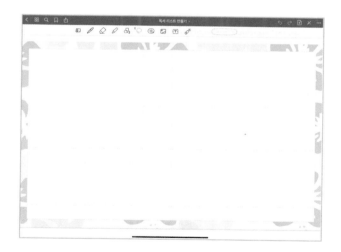

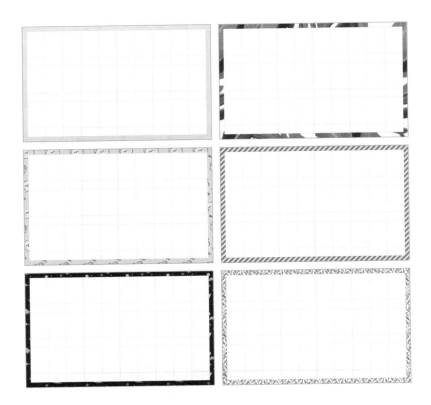

키노트로 굿노트 표지 만들기

굿노트의 라이브러리에서는 문서의 첫 페이지가 표지 이미지로 보이기 때문에, 굿노트 표지를 예쁘게 꾸미는 데 관심이 많은 것 같아요. 굿노트의 표지는 블로그에서 다른 사람들이 공유해주는 이미지를 다운받거나 직접 만들어 사용할 수 있어요. 포토샵 등을 사용하지 않더라도 아이패드 기본 앱인 키노트(Keynote)를 사용해서 간단하게 표지를 만들어 볼 수 있어요. 키노트 사용에 미숙하더라도 어렵지 않아 누구나 쉽게 만들 수 있어요.

1 아이패드의 키노트에서 새 슬라이드를 생성하고 기존 개체들은 모두 삭제합니다. 오른쪽 상단의 [■] - [문서 설정] - [슬라이드 크기] - [사용자화]에서 사이즈를 입력합니다. 너비는 12cm, 높이는 16cm로 설정하고 [완료]를 눌러 주세요. pt 단위까지 전체 드래그해서 삭제하고 cm 단위까지 정확하게 입력합니다.

2 빈티지한 느낌의 표지를 만들어 볼게요. [+] - [이미지] - [사진 또는 비디오]에서 표지에 사용하고 싶은 이미지를 불러 옵니다.

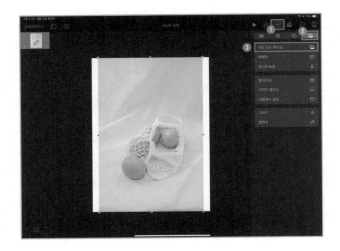

3 가져온 이미지를 정방형(1:1)으로 자릅니다. [🔺] - [정렬]에서 먼저
   너비나 높이 중 숫자가 더 작은 곳에 230pt를 입력합니다. 이미지를
   더블 클릭해서 테두리가 점선으로 바뀌면 그때 남은 칸에 230pt를
   입력합니다. 그리고 이미지를 움직여 알맞게 배치시킵니다.

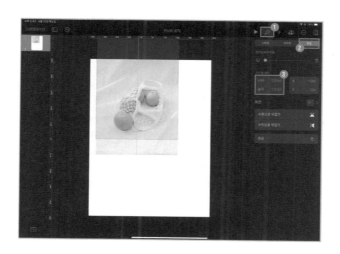

4 아무 개체도 선택되지 않은 상태에서 [⬛]을 누르면 배경 색상을 변
   경할 수 있어요. [배경] - [색상]에서 왼쪽으로 스와이프하면 스포이
   트 아이콘으로 색상을 추출할 수 있어요. 키노트에는 따로 색상 코드
   를 입력할 수 없어서 다른 이미지를 키노트로 가져와 스포이트로 색
   상을 추출하거나 팔레트에서 색상을 선택합니다.

5 [+] – [도형] – [텍스트]를 선택합니다. 텍스트 입력 란에 좋아하는 문구를 자유롭게 적습니다. 저는 '이 또한 지나가리라'를 의미하는 영어 문구인 'This too shall pass'를 입력했어요.

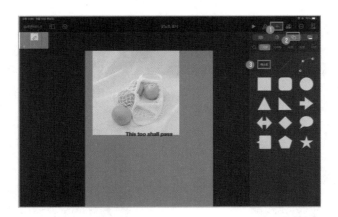

6 텍스트 서체를 변경하기 위해 ifont 앱으로 폰트를 설치합니다. [■] – [텍스트]– [서체]에서 폰트를 변경할 수 있어요. 저는 눈누 사이트에서 다운로드 받은 무료 서체인 '이사만루체Bold'를 사용했어요. 좋아하는 색상으로 텍스트 색상도 변경하고, 폰트 크기는 28pt로 설정합니다.

7 [+] - [도형] - [사각형]을 선택하여 사각형을 추가합니다.

8 삽입한 사각형을 선택하고 [■] - [정렬]에서 너비는 250pt로, 높이
는 260pt로 설정합니다. 도형을 사진 아래쪽으로 배치시키기 위해
[앞으로/뒤로 이동]을 왼쪽으로 끌어서 사진 아래쪽에 위치시킵니다.
색상은 폰트와 같은 색상으로 변경합니다.

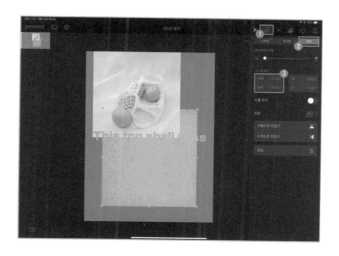

9 폴라로이드 느낌이 나게끔 도형과 사진을 움직여 배치합니다.

10 조금 더 완성도를 높여볼게요. [+] - [도형] - [텍스트]를 선택하여
텍스트를 삽입하고 작성했던 'This too shall pass'를 두 번 반복해
서 적어 주세요. 폰트는 '이사만루체Bold'로, 폰트 크기는 10pt, 색상
은 흰색으로 변경합니다.

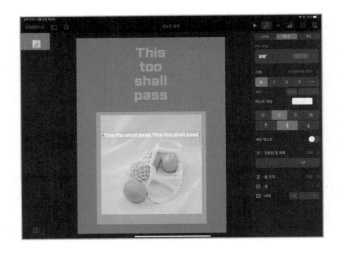

11 텍스트를 이미지 아래로 배치한 다음, 도형 양 옆까지 문구가 꽉 채워
질 때까지 추가로 더 작성해 주세요. [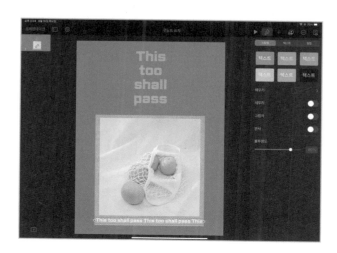] - [스타일]에서 불투명도를
80으로 설정합니다.

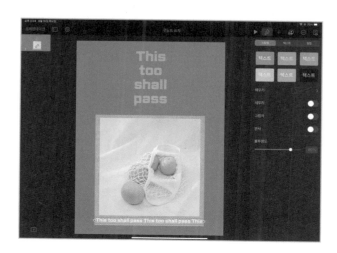

12 제일 처음에 작성한 텍스트의 'too shall' 부분을 블록으로 지정하고,
색상을 표지와 동일한 색상으로 변경합니다. [서체] - [▥] - [텍스트
옵션]를 클릭합니다.

13 [텍스트 옵션]에서 윤곽을 활성화 해 준 다음 [색상]을 텍스트 색상
과 동일한 색상으로 변경하고 [윤곽] - [너비]는 1pt로 설정합니다.

14 표지가 완성되었어요. 생각보다 정말 간단하죠? 이미지와 색상 등을
바꾸면 여러 가지 느낌의 표지를 만들 수 있습니다.

15 마지막으로 표지를 굿노트에서 사용하기 위해서 PDF 파일로 만듭니다. [⊙] – [내보내기]에서 [PDF]를 선택하고 다음과 같이 옵션을 설정한 후 [내보내기]를 선택합니다.

16 [⋯]를 눌러 [GoodNotes]를 찾아 선택하면 만들었던 표지를 굿노트 문서에서 확인할 수 있습니다.

나만의 다이어리 만들기
Numbers

레오나르도 다빈치, 알버트 아인슈타인, 토마스 에디슨, 찰스 다윈, 프리다 칼로는 모두 자신의 경험, 생각, 감정을 일지나 일기로 기록했습니다. 우리가 알고 있는 유명인이나 위인은 기록을 통해 자신을 돌아보고 미래를 계획했습니다.

여행 일기, 감사 일기, 일상 기록 일기, 다이어트 일기, 습관 일기, 운동 일지 등 다양한 방법으로 다이어리를 쓰는 이유는 삶의 다양한 측면을 기록하여 자신의 삶에서 좀 더 능동적이고 창의적으로 변하기 위해서입니다.

• 목표 달성

다이어리는 인생의 목표, 다짐, 결심을 쓰기에 좋습니다. 목표를 기록해 놓으면 이를 달성하기 위해 해야 할 일을 상키시키고, 진행 상황을 추적해 나가면서 책임감과 의욕이 생기기도 합니다.

• 발전과 성장을 추적

다이어리는 우리가 일상을 잠시 멈추고 한 걸음 물러서서 상황을 관찰할 수 있도록 돕는 좋은 방법입니다. 과거 다이어리에 작성했던 기록들을 살펴보며 얼마나 많이 진행되었는지 또는 성장을 이루었는지 확인할 수 있습니다. 또한 감사한 일을 적거나 반성을 기록할 수 있습니다. 삶을 되돌아보고, 어떻게 변해왔는지, 그리고 개선하기 위해 무엇을 할 수 있는지 생각해 볼 수 있습니다.

• 영감 찾기

저는 아이유의 음악을 즐겨 들어요. 가사를 보면 공감되는 내용이 많아서 위로를 받기도 합니다. 예쁜 가사들이 많아서 도대체 어디서 영감을 얻는 것일까 궁금했는데, 어느 예능프로그램에서 아이유의 음악적 원천은 일기라고 이야기하더라고요. 저도 무언가를 끼적끼적 쓰다가 아이디어를 얻은 적이 있기 때문에 일기에서 영감을 얻는다는 말에 공감이 됩니다. 일기를 쓰는 것은 창의력을 발휘하는 좋은 방법이자 내면의 창의성을 탐구하기에도 좋은 방법입니다.

• 생각 정리

다이어리를 작성하면 복잡하고 막연했던 생각을 정리하고 이해할
수 있어요. 때때로 부정적인 생각과 감정에 휩싸이더라도 있는 그대로
의 감정을 종이에 써 내려가면 한결 마음에 가벼워집니다. 글로 작성하
면 어떤 사건을 객관화 하면서 이전에는 생각하지 못했던 해결책이 떠
오르기도 합니다.

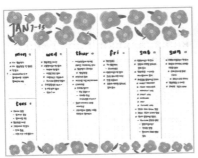

넘버스를 이용해 속지 만들기

이번에는 엑셀과 비슷한 넘버스(Numbers)를 활용해서 데일리 다이어
리를 만들어 봅시다. 넘버스로 데일리 다이어리 만드는 방법을 알게 되
면 위클리나 먼슬리 다이어리도 응용해서 만들 수 있어요.

• 다이어리 속지 만들기

속지를 만들기 전에 어떤 형태로 만들 것인지 미리 구상해보면 좋
아요. 메모 앱으로 데일리 속지를 구상해 보았어요. 시간, 우선순위, 할

일 리스트, 메모를 작성할 수 있는 데일리 속지를 제작하려고 할 때는 시간에는 몇 시부터 몇 시까지 넣을 것인지, 우선순위를 작성할 수 있는 칸은 몇 개 넣을 것인지 등을 구체적으로 생각해두면 만들기가 수월해져요.

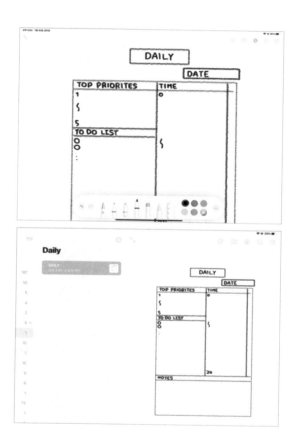

1 넘버스를 열고 오른쪽 상단 도구의 [+]를 눌러 새 템플릿을 생성합니다. 템플릿 종류는 [기본] - [빈 페이지]를 선택합니다.

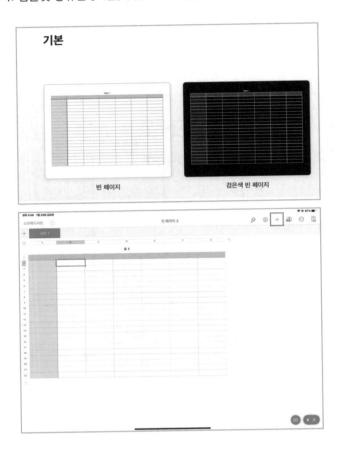

2 앞에서 구상했던 그림을 바탕으로 행과 열을 삭제하거나 추가합니다. 열은 4칸을 만들고 행은 몇 칸을 만들어 주면 좋을지 아직 확실하지 않기 때문에 40칸으로 넉넉하게 만들어 줍니다. 행과 열은 언제든지 삭제하거나 추가할 수 있습니다.

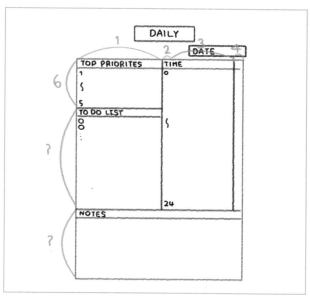

tip 표의 행과 열을 더하거나 삭제할 때는 오른쪽 상단의 [✎] - [표] 에서 행과 열의 숫자를 [-], [+]를 누르거나 직접 입력합니다.

3 만들어진 표에 셀의 색이 회색으로 된 부분이 있는데, 전체 색상을 깔끔하게 흰색으로 설정하기 위해 셀을 모두 선택합니다.

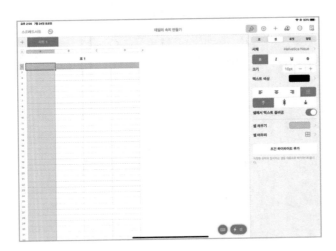

tip 셀을 모두 선택하는 방법은 셀 하나를 선택하고 오른쪽 하단에 파란색 점을 드래그해서 표 끝까지 끌어당기거나 표 왼쪽 상단의 [◉]을 누릅니다.

4 오른쪽 상단 도구의 [✐] - [셀] - [셀 채우기]에서 흰색을 선택합니다. 흰색이 아닌 원하는 색상을 선택해도 됩니다.

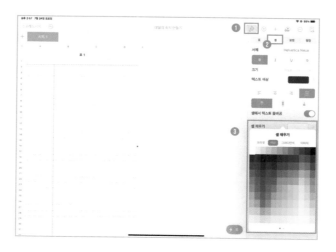

5 구상한 그림을 참고하여 'TIME', 'TO DO LIST', '숫자' 등 각 내용을 입력합니다.

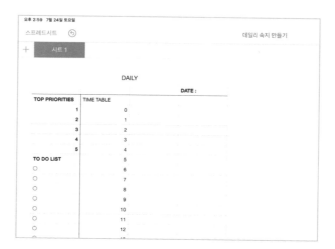

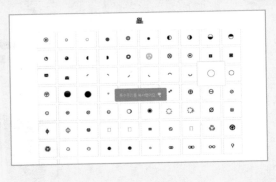

6 내용이 구분되도록 셀 테두리를 변경을 위해 오른쪽 상단의 [✎] - [셀] - [셀 테두리]를 클릭합니다. [선 유형]에 들어가 '없음'을 선택하면 테두리가 보이지 않게 설정됩니다. 내용이 잘 구분될 수 있도록 전체 표의 위, 아래 테두리 굵기를 2pt로, 각 영역의 제목 테두리는 1pt로 설정합니다.

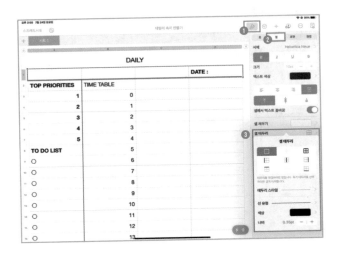

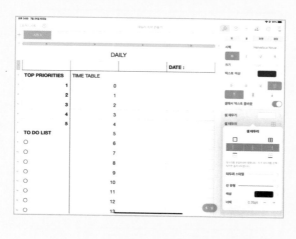

7 표의 너비는 총 500pt가 되도록 맞추기 위해 표의 가운데를 중심으로 왼쪽과 오른쪽의 너비를 250pt씩 설정합니다. [✐] - [표] - [행과 열 크기]에서 너비에 250pt를 입력합니다.

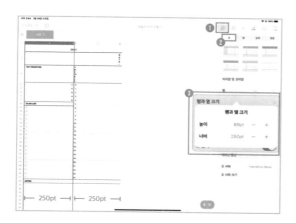

8 글자가 셀 크기를 넘어간 부분은 두 개의 셀을 선택하고, 오른쪽 아래 [셀]을 선택하면 [셀 병합]을 할 수 있어요.

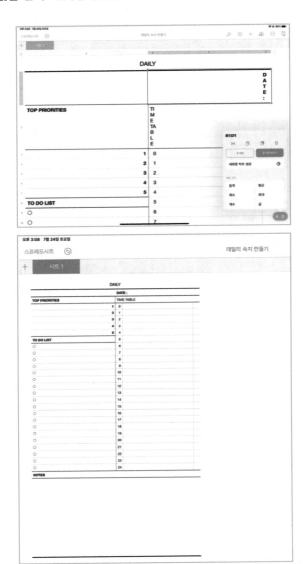

9 숫자를 입력하면 자동으로 오른쪽 정렬이 됩니다. 이때 글자 정렬을 바꿀 셀을 선택하고 [✎] - [셀] - [정렬]을 눌러 바꿉니다.

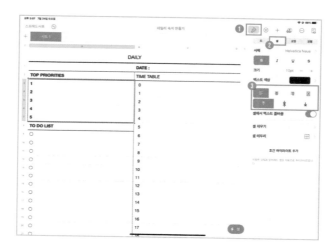

10 오른쪽 상단의 [⊙] - [프린트]를 선택합니다. 프린트 미리보기 화면이 나타나면 오른쪽 상단의 [설정] 선택하여 페이지 번호와 주석 옵션을 모두 비활성화 합니다.

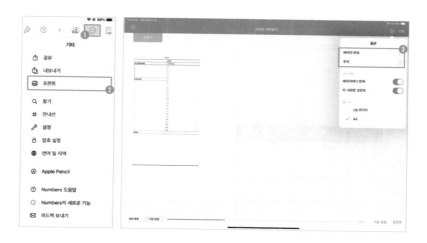

11 하단의 조절 바에서 페이지에 표가 들어갈 비율을 변경할 수 있어요.
조절 바를 움직여서 표 양옆의 여백이 비슷하게 남도록 만듭니다.

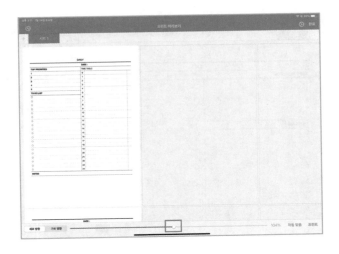

12 양 옆 여백을 맞출 때 표 아래가 페이지를 넘어간다면, 표를 한 페이
지에 맞춰 주기 위해 표의 높이를 줄여줍니다. 필요 없는 행을 몇 개
삭제하거나 표를 전체 선택한 다음 행과 열 크기에서 높이를 줄여줍
니다. 프린트 미리보기 화면에서 계속 확인을 하며 표가 한 페이지에
모두 들어갈 때까지 맞춰줍니다.

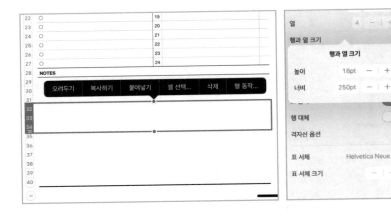

13 오른쪽 하단의 [프린트]를 선택하고 [프린트 옵션] 창이 나타나면, 페이지 이미지에서 두 손가락으로 확대 모션을 합니다.

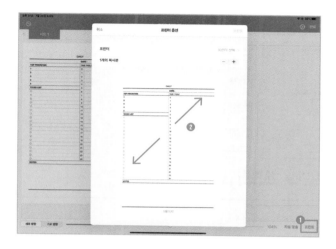

14 넘버스에서 만든 시트가 PDF 문서로 열립니다. 오른쪽 상단의 [공유 및 보내기]를 눌러 [GoodNotes]를 선택합니다.

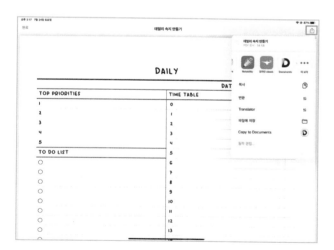

tip ifont 앱을 이용해 아이패드에 폰트를 다운로드 받으면, 원하는 서체로 속지를 제작할 수 있어요.

아이패드로 하루 계획하기

하루를 기분 좋게 만드는 소소한 행동에는 여러 가지가 있습니다. 종일 집에 있더라도 옷을 갖추어 입는 것, 반려식물을 돌보는 것, 좋아하는 커피를 내려 마시는 것, 건강 기능 식품을 챙겨먹는 것, 햇살 좋은 날 산책하는 것, 예쁜 꽃을 사서 화병에 꽂아두는 것 등. 하지만 그중에서도 하루를 가장 기분 좋고 뿌듯하게 만드는 것은 하루를 계획하고, 그 계획을 잘 실천하는 일인 것 같아요.

예전에는 다이어리를 쓸 때 오늘 할 일을 쭉 나열하고, 우선순위를 정해두기만 했어요. 그러다 보니 오전에 끝낼 수 있는 일도 오후로 미루거나 오후에 끝낼 수 있는 일을 저녁으로 미루는 일이 자주 생겼어요.

오늘 할 일은 오늘 안에만 끝내면 된다는 생각이 컸기 때문이에요. 시간을 효율적으로 쓰지 못했고, 결국 저녁까지 밀린 업무들을 다 끝내지 못한 채 후회하며 하루를 마무리하는 날이 많았어요. 그래서 하루계획 방법을 바꿔보기로 했습니다.

계획이 어려운 이들을 위한 3단계 계획법

계획을 척척 잘하는 사람이 있는 반면, 미래를 설계하고 계획하는 일이 어렵게 느껴지는 사람도 있습니다. 저는 후자에 가까운데, 무언가를 계획하려고 하면 무엇부터 해야할 지 멍해집니다. 계획하는 것이 어려운 저는 다음과 같은 방법으로 하루 계획을 했어요.

• 첫 번째, 시간을 오전, 오후, 저녁으로 나눈다

《당신의 생각을 정리해드립니다》(복주환 지음, 비즈니스북스, 2021)를 보면 뇌 과학에 기반한 시간 관리 방법이 나와 있어요. 오전에는 '뇌의 황금시간'으로 하루 중 집중력이 높은 시간이므로 '집중 업무'를 하고, 점심식사 후에는 포만감과 함께 오전 업무로 인한 피로가 겹쳐 졸음이 몰려오기 쉬운 시간으로, 자연스럽게 집중력이 떨어지기 때문에 메일이나 메시지 확인 등의 '비집중 업무'를 합니다. 오후 중 다시 집중력이 높아지는 3~4시에는 '집중 업무'를 해요. 저녁식사 후부터 자기 전까지는 독서나 다이어리 작성 등 자유 시간을 가집니다.

저도 이 내용을 바탕으로 하루를 계획해 보았는데, 이전에는 오늘 할 일을 순서 없이 나열만 했다면 지금은 오전, 오후, 그리고 저녁으로 할 일을 나누어 계획하고 있어요.

오전에는 일어나서 몸을 예열하는 시간을 갖기 위해 모닝루틴을 합니다. 그리고 오늘 끝내야 하는 중요 업무를 차례차례 적어줘요. 점심식사 후에는 비집중 업무와 산책을 하고, 오후 4시부터는 다시 집중 업무를 해요. 저녁에는 자유 시간으로, 독서와 다이어리 작성을 하기도 하고 그날마다 자유롭게 시간을 씁니다. 이렇게 오전 / 오후1 / 오후2 나누어 계획하니 각각의 시간대에 해야 할 일이 명확해져서 일을 미루는 습관이 많이 줄었답니다.

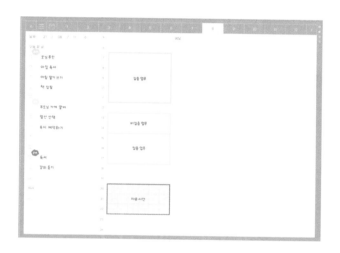

• **두 번째, 예상 소요 시간을 적는다**

오전에 사용할 수 있는 시간, 오후에 사용할 수 있는 시간, 저녁에 사용할 수 있는 시간이 모두 다르기 때문에 각각의 투두리스트에 예상 소요 시간을 적어요.

소요 시간을 적는 데는 두 가지 이유가 있어요. 첫 번째, 그 시간 내에 끝내지도 못할 계획은 무리하게 하지 않게 하기 위해서이고, 두 번째, 일정을 지나치게 여유롭게 잡지 않기 위해서예요.

욕심내서 일정을 너무 **빡빡**하게 잡으면 다 끝내지 못해서 스트레스가 생기고, 반대로 일정을 너무 여유롭게 잡으면 빨리 끝낼 수 있는 일도 물고 늘어지게 돼요. 예상 소요 시간을 적으면 주어진 시간에 알맞게 계획하는 데 도움이 돼요. 또한 소요 시간을 구체적으로 적으면서 그 행동을 하고 있는 내 모습을 자연스럽게 상상하게 되는데, 이런 시뮬레이션이 계획을 행동으로 옮길 수 있도록 힘을 주기도 해요.

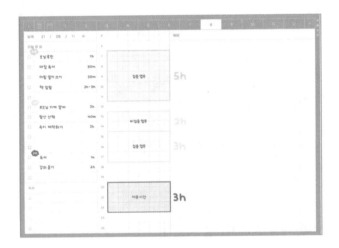

• 세 번째, 우선적으로 끝내야 할 일 표시한다

마지막으로 하루 계획한 리스트에서 그날 반드시 끝내야 하거나 중요한 업무 세 가지에 별을 그려 표시해요. 별을 표시하면서 우선적으로 끝내야 하는 일들을 매일매일 잠깐이라도 고민하는 시간을 갖게 돼요. 몇 분밖에 걸리지 않는 이 짧은 시간은 내 인생에서 중요한 것이 무엇인지 다시 한 번 생각하도록 해줍니다.

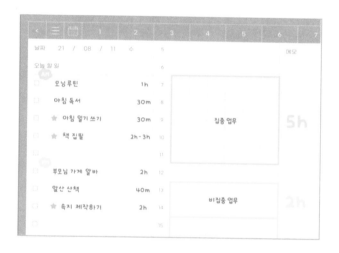

매일매일 완벽하게 계획할 수도 없고, 때론 계획대로 되지 않는다는 사실을 잘 알고 있어요. 그럼에도 불구하고 계획하는 것이 중요하다고 생각하는 이유는 계획하고 실천한 하루하루가 모여 앞으로 더 좋아질 거라 믿기 때문이에요.

저 또한 어느 날은 귀찮아서 계획하지 않는 날도 있지만 점점 나아지고 있어요. 계획하고 실천하는 날들이 늘어나고 있기 때문이죠. 가끔씩 귀찮아서 계획하지 않는 날이면 어김없이 그날은 무기력하게 후회와 반성을 반복하죠. 그럴 때마다 계획의 중요성을 다시 실감하는 것 같아요.

앞으로의 수많은 하루들을 계속 계획할 수 있도록 의식적으로 노력하려 합니다. 먼 미래까지 계획하는 데에는 자신이 없더라도 매일 주어진 하루 정도는 자신 있게 계획할 수 있지 않을까요?

마인드맵을 스티커로 만들기
마인드노드

넘쳐나는 생각과 아이디어를 어디서부터 어떻게 정리해야 할지 모를 때가 많아요. 이때 마인드맵을 사용하면 도움을 받을 수 있어요. 마인드맵은 머릿속에 맴도는 수천 가지 생각의 매듭을 풀기 위한 시각적 도구로, 생각을 정리하고 새로운 아이디어를 브레인스토밍 할 때 아주 유용합니다.

키워드를 덩어리로 강하게 연결하면 기억력이 4배 이상 좋아진다고 합니다. 마인드맵은 중심 키워드에서 하위 키워드를 연결해 나가는 방식으로 작성하기 때문에 마인드맵을 활용하면 뇌를 더 효과적으로 사용할 수 있습니다.

마인드맵으로 무엇을 작성할 수 있을까?

생각 정리가 필요한 모든 것들은 마인드맵으로 작성할 수 있어요. 저 같은 경우에는 이 책의 목차를 구성할 때 마인드맵을 활용했습니다. 백지 상태에서 목차를 구성하자니 막막했는데, 마인드맵으로 작성하니 한눈에 구조가 파악이 되어서 책의 흐름을 구성할 수 있었어요.

그 외에도 평소에 해야 할 일 중 업무와 일상을 구분해서 생활 계획표를 짜보기도 하고, 몇 단계의 절차가 필요한 복잡한 일이나 많은 시간이 걸리는 작업을 계획할 때 행동을 세분화하는 데도 사용했어요.

• 브레인스토밍

현재 진행 중인 프로젝트를 어디서부터 어떻게 시작하면 좋을지 아이디어가 떠오르지 않아 막막한 기분이 든다면, 마인드맵의 도움을 받을 수 있습니다. 마인드맵은 생각을 넓게 펼치고 체계적으로 정리하는데 유용합니다. 일단 중요한 아이디어인지 아닌지에 대한 판단은 제쳐두고 머릿속에 생각을 글자로 마구 쏟아 내보는 것이 중요합니다. 불필요한 아이디어를 삭제하고 일목요연하게 분류하고 정리하는 것은 그다음이에요. 하나의 핵심 주제에서 시작해 아이디어를 가지처럼 뻗어 마인드맵을 작성합니다. 생각을 마음껏 쏟고 난 다음, 여러 소주제로 묶어 아이디어를 분류하고 정리하면 됩니다. 분류된 키워드 덩어리들을 시간 혹은 중요도 순서로 나열해보면, 무엇부터 실행에 옮겨야 할지 감이 잡힐 거예요.

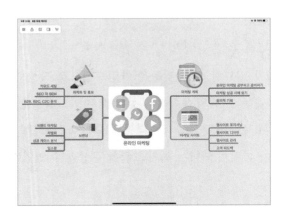

• 일상과 업무 나누기

업무와 일상 사이에서 균형 잡힌 삶은 반드시 필요합니다. 그리고 직장 생활 균형에 대한 필요성은 그 어느 때보다 중요해졌습니다. 재택 근무가 늘어났기 때문에 자칫하면 업무와 일상 사이에 균형이 무너지기도 쉬워졌어요. 일상과 업무의 균형을 잘 맞추고 있는지 지금의 상황을 점검하기 위해서 일상과 업무를 분리해보는 것도 도움이 될 거예요. 마인드맵을 작성하면서 여러분의 가장 중요한 가치관이 무엇인지, 그리고 어떻게 시간을 보내고 싶은지 생각해보세요.

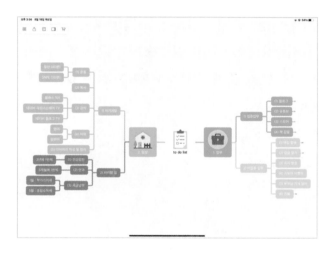

• 시험 범위 정리

저는 시험공부를 할 때, 항상 시험 범위에 해당하는 목차를 정리해 놓아요. 이렇게 마인드맵으로 정리해놓으면 배웠던 내용의 흐름을 한 눈에 파악할 수 있고, 공부 스케줄을 계획하기에도 편리해요. 마인드맵의 시각적 특성으로 인해 정보를 더 체계적으로 기억할 수 있어요.

• 가고 싶은 여행지

가고 싶은 세계 여행지를 대륙별로 나누었어요. 국가 이름 앞에는 키보드 이모티콘에서 각 나라의 국기를 찾아 추가했어요. 각 나라에서 가고 싶은 곳이 생기면 하위 목록에 추가합니다. TV프로그램이나 여행 관련 도서에서 얻은 여행지 정보를 정리해놓으면 언젠가 그 나라 여행지로 떠나게 되었을 때, 수월하게 계획을 짤 수 있을 거예요.

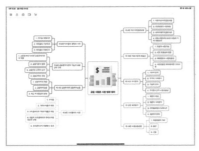 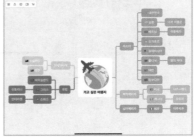

시험 범위 정리　　　　　　　　　　여행지 정리

• 하루 또는 일주일 루틴 짜기

늘 시간이 부족하고 불안한 마음이 든다면 안정적인 루틴을 정하는 것이 도움이 됩니다. 규칙적인 루틴은 자기 통제감을 강화시켜 불안감을 줄이는 데 효과적이에요. 내 시간을 어디에 쓰는지 아는 순간 불안한 마음은 점점 사라지게 돼요. 일일 업무 일정 마인드맵을 작성하면 시간을 좀 더 합리적으로 구성할 수 있고 업무 효율성을 크게 높일 수 있습니다. 다음과 같은 시간 관리 마인드맵을 작성하는 것이 시간을 최대한 활용하는 가장 좋은 방법 중 하나예요.

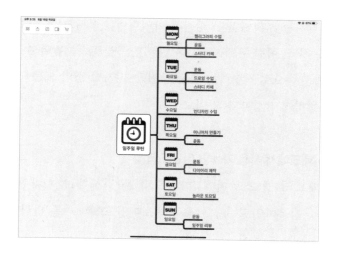

마인드맵 만들기

• 아날로그 마인드맵과 디지털 마인드맵

마인드맵을 손으로 직접 그려 생각을 정리하는 '아날로그 마인드맵'과 컴퓨터나 스마트폰의 앱을 이용해 정리하는 '디지털 마인드맵'이 있어요. 손 마인드맵은 종이와 펜만 있으면 언제 어디서든 장소에 구애받지 않고 아이디어와 생각을 자유롭게 정리할 수 있다는 장점이 있어요.

그러나 이미 적은 아이디어를 삭제하거나 이동하는 등의 수정은 어려워요. 가지를 쳐서 수많은 생각과 아이디어를 쓰다보면 종이가 부족해지기도 하죠. 이런 문제점을 디지털 마인드맵으로 보완할 수 있어요. 마인드맵은 손으로 작성하는 것도 좋지만, 디지털 앱의 도움을 받으면 좀 더 수월하게 작성할 수 있어요.

• 아이패드에서 사용 가능한 마인드맵 앱

아이패드의 앱 스토어에 '마인드맵'을 검색해보면 마인드노드(MindNode), 심플마인드(SimpleMinde), 엑스마인드(XMind) 등 다양한 앱이 있습니다. 저는 그중에서도 마인드노드를 사용하고 있어요.

마인드노드를 사용하면 마인드맵의 배경을 투명한 PNG 파일로 저장해서 사용할 수 있어요. 그리고 그 이미지를 굿노트에서 스티커로 사용할 수 있어요.

마인드노드 앱은 유료 앱이지만 무료로 제공하는 기능만으로도 디지털 마인드맵을 작성하기에는 충분합니다.

마인드맵 작성 7원칙

① 종이의 중심에서 시작한다.
② 이미지나 사진을 이용해서 중심 생각을 그린다.
③ 색상은 세 가지 이상 사용하되, 카테고리별로 같은 색상을 쓴다.
④ 중심 이미지에 굵은 가지를 연결하고 굵은 가지에 가는 가지를 연결한다. 그리고 가는 가지에서 더 가는 가지로 연결한다. (방사형 구조)
⑤ 구부리고 흐름 있게 가지를 만든다.
⑥ 각 가지마다 하나의 키워드만 작성한다.
⑦ 되도록 이미지를 많이 사용한다.

마인드노드 앱으로 마인드맵 작성하기

마인드맵은 빈 종이에 쓰고 그림을 그리는 것이 기본이에요. 종이의 중앙에 핵심 단어를 적고 중심에서 가지를 뻗어 연상 키워드를 작성하면 됩니다.

1 마인드노드 앱을 열어 새 파일을 생성하면 사진과 같은 화면이 나타납니다. 마디를 두 번 터치하면 내용을 편집할 수 있고, [+]를 누르면 하위 마디를 만들 수 있어요. 키보드의 [Tap]을 눌러도 새 하위 마디가 생성됩니다. 새 형제 마디를 추가하려면 키보드의 [Enter]를 누릅니다.

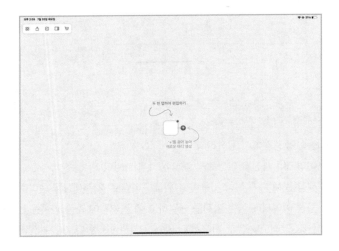

2 먼저 중심 아이디어를 메인 마디에 적습니다. 하위 마디에 생각을 추가해요. 이때는 분류하지 않고 머릿속에 생각을 모조리 끄집어낸다고 생각하며 계속 채워나갑니다. 머릿속에 떠오른 생각을 남김없이 적었다면 적은 것들을 바탕으로 키워드를 분류합니다. 처음에는 모든 것이 연관성 없어 보일 수 있지만 이렇게 구조화함으로써 아이디어는 점점 더 명확해집니다.

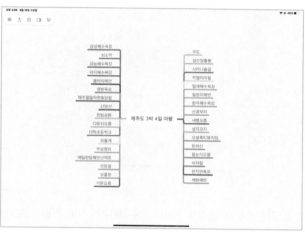

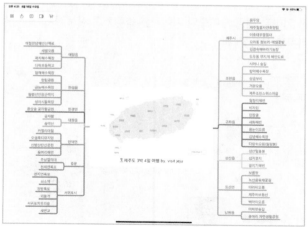

3 디지털 마인드맵의 장점 중 하나는 구조를 변경할 수 있다는 것입니다. 마디를 재정렬하려면 마디를 누른 상태로 유지하고 다른 마디로 드래그하면 돼요. 손가락을 떼면 마디가 새 마디에 연결됩니다.

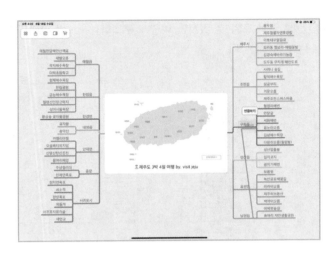

4 마인드맵은 머릿속 생각을 시각화하는 도구로 이미지를 사용하면 훨씬 더 명시적입니다. 마인드노드에서 사용할 수 있는 스티커는 유료라서 이미지 제공 사이트의 이미지를 스티커로 사용하거나 키보드 이모티콘을 사용합니다.

5 왼쪽 상단에서 [공유 및 보내기]를 선택하고 [보내기 유형]은 [이미지]로, [투명한 배경]을 활성화 합니다. [다른 앱으로 전달]을 누르고 [이미지 저장]을 선택합니다.

왓츠 인
마이 아이패드

펴낸날 초판 1쇄 2021년 10월 12일
          2쇄 2024년 2월 5일

지은이 황민정

펴낸이 강진수
편 집 김은숙

인 쇄 (주)사피엔스컬쳐

펴낸곳 (주)북스고 **출판등록** 제2017-000136호 2017년 11월 23일
주 소 서울시 중구 서소문로 116 유원빌딩 1511호
전 화 (02) 6403-0042 **팩 스** (02) 6499-1053

ISBN 979-11-6760-010-3 13000

책 출간을 원하시는 분은 이메일 booksgo@naver.com로 간단한 개요와 취지, 연락처 등을 보내주세요.
는 건강하고 행복한 삶을 위한 가치 있는 콘텐츠를 만듭니다.